REGION NATIONALPARK
HOHE TAUERN

Natur- und Kulturlandschaft im Salzburger Land

Walter M. Weiss/Text · Kurt-Michael Westermann/Photos

REGION NATIONALPARK HOHE TAUERN

Natur- und Kulturlandschaft im Salzburger Land

Verlag Christian Brandstätter

Die Deutsche Bibliothek - CIP-Einheitsaufnahme

Nationalpark Hohe Tauern : Natur- und Kulturlandschaft im Salzburger Land / Walter M. Weiss.
Mit 130 Photogr. von Kurt-Michael Westermann. - Wien : Brandstätter, 1997
ISBN 3-85447-645-0 NE: Weiss, Walter M.; Westermann, Kurt-Michael

Autor und Photograph bedanken sich für die tatkräftige Unterstützung bei
Elisabeth Vidotto, Alfred Cenger und Familie Bacher, Stuhlfelden; Maria Ratensberger, Uttendorf; Siegfried Moser, Bad Gastein,
Familie Gassner, Mittersill sowie beim Team des Büros „Region Nationalpark Hohe Tauern".

Für die Abdruckgenehmigung der Photographien auf Seite 165 unten, 166 oben, 171 oben
und 172 oben bedanken wir uns bei der Fremdenverkehrsorganisation Salzburg, Ferienregion Nationalpark Hohe Tauern.
Abdruck der Landkarte mit freundlicher Genehmigung der Nationalparkverwaltung Hohe Tauern, © H. Oberschneider.

Der Nindl-Bauer
Moar Alm im Habachtal

1. Auflage

Der Entwurf des Schutzumschlages – der den Talschluß des Krimmler Tals zeigt – sowie die graphische Gestaltung
des Werkes stammen von Kurt-Michael Westermann.
Das Lektorat besorgte Barbara Sternthal, Satz und technische Herstellung Franz Hanns.
Die Reproduktion der Photographien erfolgte bei Reprozwölf in Wien, der Druck bei Berger, Horn.

Copyright © 1997 by Verlag Christian Brandstätter, Wien
Alle Rechte, auch die des auszugsweisen Abdrucks oder der Reproduktion einer Abbildung, sind vorbehalten.
Das Werk einschließlich aller seiner Teile ist urheberrechtlich geschützt. Jede Verwertung ist ohne Zustimmung des Verlages
unzulässig. Dies gilt insbesondere für Vervielfältigungen, Übersetzungen, Mikroverfilmungen und die Einspeicherung
und Verarbeitung in elektronischen Systemen.
ISBN 3-85447-645-0

Christian Brandstätter Verlagsgesellschaft m.b.H.
A-1080 Wien, Wickenburggasse 26
Telephon (+43-1) 408 38 14

INHALT

Auf den Spuren der Säumer
Entlang der Glockner-Strasse 13

Von Goldwäschern, Geiern und Wetterfröschen
Das Raurisertal 41

High-Life im Hochgebirge
Das Gasteiner Tal 69

Im Herzen des Pinzgaus
Zwischen Mittersill und Kaprun 97

Der Gipfel der Natürlichkeit
Rund um den Grossvenediger 129

Landkarte 157

Hohe Tauern wörtlich
Wissenswertes von A bis Z 161

Vorhergehende Doppelseiten: hochalpines Schattenspiel – der Alpenhauptkamm im Nationalparkbereich aus der Vogel-Perspektive (6/7); das Glockner-Massiv samt Paraglider, betrachtet aus dem Heißluftballon über dem Rauriser Seidlwinkltal (8/9); sattgrüne Bergmatten im Salzachtal an der Grenze zum Pongau (10/11).

Etwa so ausgerüstet hat man sich die Herren Honoratioren vorzustellen, die im Juli des Jahres 1800 unter der Führung von Fürstbischof Salm-Reiferscheid zum Sturm auf den Gipfel des Glockners ansetzten. Im Schlepptau hatten sie freilich, zumindest ein großes Stück des Weges, eine „ansehnliche Alpencaravane", bestehend aus „16 Pack- und Reitpferden mit ebenso vielen Führern, 26 Packträgern und 5 Zimmerleuten".

Auf den Spuren der Säumer

Entlang der Glockner-Strasse

Scheen war's in Italien, aber Österreich ist natürlich auch herrlich … der Großglockner, der Pasterzengletscher … warn aa vül Leit dort … nette Leit. Da kummt ma glei ins Gespräch. Weil da steht aaner neben aan und sagt: ‚Schaun's, is do eigentlich schön: Österreich."

Der Stolz, mit dem Helmut Qualtinger seinen Herrn Karl, diese fleischgewordene Quintessenz austriakischen Wesens, über den höchsten Gipfel seiner Heimat schwärmen ließ, ist nicht nur für die Strahlkraft dieser in der Tat grandiosen Bergszenerie bezeichnend. Er spiegelt auch die Rolle, die jene vor allem zwischen den beiden Weltkriegen im Selbstverständnis von Herrn und Frau Österreicher spielte, trefflich wider. Die Monarchie war zur Republik geschrumpft, und im majestätisch Erhabenen und Unvergänglichen der Natur suchte und fand man Trost für den Verlust des so seelenwärmenden Gefühls, einer europäischen Großmacht anzugehören. Das Herz der Hohen Tauern wurde zum Objekt kollektiver Sublimierung.

Deutlich stärker noch schwoll die patriotische Brust beim Anblick oder auch nur bei der Erwähnung jener „Hochalpenstraße", mit der man in den dreißiger Jahren dem Bergriesen zu Leibe rückte. Vor dem Hintergrund der ökonomischen und politischen Misere mutierte das ehrgeizige Infrastrukturprojekt damals zum nationalen Anliegen. Zum Sinnbild der kraftvollen Selbstbehauptung des kleinen Österreich gegenüber dem bedrohlich lauernden Hitler-Deutschland. Nicht ohne Grund stilisierten Regierung und Medien die über 3.000 „Glockner-Baraberer", die unter extrem harten Bedingungen in bis zu 2.500 Meter Seehöhe schufteten, zu „Helden der Arbeit". Und nicht ohne Grund beschwor Bundeskanzler Kurt Schuschnigg bei der Eröffnung der Nordrampe im September 1935 Österreich als „klassisches Land der Harmonie" und die Straße als Ausdruck einer „neuen Harmonie von Kunst und Natur, der der Technik gelang".

Der Mythos des Pionierwerks überdauerte sogar die tausendjährige Katastrophe: „Vom Willen gemeißelt" hieß ein 1951 erschienener Roman über die am Bau Beteiligten. Und das flotte Signet mit dem Automobil und dem Glocknergipfel in einem großen „G" wurde, an Windschutzscheiben klebend, zum Statussymbol der Wiederaufbauzeit, das Modernität und Dynamik signalisierte.

Die Großglockner-Hochalpenstraße stellte die erste ausschließlich für den motorisierten Verkehr konzipierte Nord-Süd-Transversale über den Hauptkamm der Hohen Tauern dar. Der Weg freilich, dem ihre Trasse folgt, ist – mindestens – zweitausend Jahre alt. Und nur einer von mehreren, die ehedem aus den noch ungerodeten Tälern des Nordens hinüber auf die Südseite führten. Funde wie die im Gasteiner Tal entdeckte Lochaxt aus Serpentin oder diverse Steinbeile vom Naßfelder Tauern lassen vermuten, daß sich schon in der Mittel- und Jungsteinzeit Menschen in die Hochtäler und sogar Paßregionen vorgewagt haben. Zwischen 1800 und 500 v. Chr., in der Bronze- und Hallstattzeit, wurde entlang der Salzach systematisch Kupfer gewonnen und verarbeitet. Das beweisen etwa in Bramberg, in Uttendorf und bei Krimml zutage geförderte Siedlungsreste und Urnenfriedhöfe. Und in der La-

Weit über eine Million solcher bunt bemalter Anstecker, Hutnadeln und Stocknägel verlassen jedes Jahr die einschlägige Werkstatt in Bruck, um ihre Klischeefunktion auf Revers, Filzhüten und Wanderstöcken zu erfüllen.

Tène-Zeit, den letzten Jahrhunderten vor der Zeitenwende, woben die Ambisonter, jener keltische, zum Königreich Noricum gehörige Stamm, der damals das Gebiet des heutigen Pinzgaus bevölkerte, von ihrem Oppidum auf dem Biberg bei Saalfelden aus ein überregionales Handelsnetz, über das sie ihr Kupfer und das von den benachbarten Alaunen am Dürrnberg geschürfte Salz vertrieben.

Als dann die Römer 15 v. Chr. Noricum besetzten und wenig später ihrem Imperium einverleibten, erweiterten sie, ihrem Ruf als Meister der Straßenbaukunst folgend, die bisherigen schmalen Fußpfade über das Gebirge zu Saum- und teilweise regelrechten Fahrwegen. Die wichtigste Verbindung in der neuen Provinz bildete zwar die Reichsstraße von Teurnia nahe dem heutigen Spittal an der Drau über den Radstädter Tauern nach Iuvavum, Salzburg. Doch mit den schwerbeladenen Norikern – den eigens für diesen Zweck gezüchteten Zugpferden – überstiegen sie auch regelmäßig den Heiligenbluter Tauern. Eindrucksvollstes Relikt ihrer Präsenz im Hochgebirge: die bronzene Herkules-Statuette aus der Zeit um Christi Geburt, die Arbeiter 1933 beim Bau der Scheitelstrecke am Hochtor aus einem Steilhang pickelten.

Tief in die vorchristliche Vergangenheit reichen im übrigen auch die etymologischen Wurzeln des Namens „Tauern". Eine der Theorien führt die Silbe „Taur" auf das indogermanische Wort für „Stier" zurück, der bei Totenkulten im Alpinraum eine große Rolle gespielt haben soll; eine andere auf das illyrische Synonym für „Erhebung" oder „Berg". Fest steht jedenfalls, daß der griechische Astronom und Geograph Ptolemäus um 150 n. Chr. von den „Tauriskern, die am Fuße des Gebirges Alpes leben", geschrieben hat, und auch in römischen Schriften der Ausdruck „Taurisci" zu finden ist. Sind also die ansässigen Kelten die Taufpaten der Hohen Tauern? Zu beachten ist bei all diesen Mutmaßungen freilich, daß mit dem Begriff „Tauern" die längste Zeit über nicht eigentlich die Berge, sondern vielmehr die dazwischen befindlichen Sättel gemeint waren. (Erst um die Mitte des vorigen Jahrhunderts übertrug Karl von Sonklar, ein namhafter Naturforscher, die Bezeichnung verbindlich auf den gesamten, rund 125 Kilometer langen, Gebirgszug zwischen der Birnlücke im Westen und dem Katschberg im Osten.)

Mit sechzig bis achtzig Kilogramm auf dem Rücken und dem schwerbepackten Noriker am Zügel transportierten die Säumer einst Salz, Gold und Venedigerware über die Tauern. Ob ihnen dabei immer so fröhlich zumute war? Im Bild: ein historischer Säumerzug – wie sie in letzter Zeit des öfteren veranstaltet werden – auf dem Weg im Seidlwinkltal Richtung Hochtor.

Ohne sie wäre der Saumhandel undenkbar gewesen: Die Noriker – hier auf der Weide im Krimmler Achental – sind vermutlich Nachfahren des schweren Zug- und Streitpferdes der Römer und wurden im Pinzgau besonders ihrer Stärke und Genügsamkeit wegen gezüchtet.

Relikte einer gar nicht immer idyllischen Vergangenheit: Die Fassade des Andrel-Wirts, ein schon in der frühen Neuzeit von den Säumern regelmäßig frequentierter Einkehrgasthof in Wörth bei Rauris, zieren das Fresko einer Saum-Karawane und, zum Schutz der Dorfbewohner in ihren latent durch Feuer gefährdeten Höfen, ein Bild des hl. Florian.

Seine große Blüte erlebte der transalpine Handel dann im Mittelalter. Da der Salzburger Kirchenstaat die einzige Möglichkeit zur Querung des Gebirgsriegels zwischen Deutschland und Italien abseits habsburgischen Bodens bot, wurde eine ganze Kette von Paßübergängen ausgebaut, die Regensburg, Nürnberg und die anderen Wirtschaftszentren des Nordens mit dem Friaul und vor allem Venedig verbanden. Zugleich ließen die Erzbischöfe am Fuße der wichtigsten Übergänge jene knorrigen, schindelgedeckten Tauernhäuser errichten, von denen einige Prachtexemplare, etwa im Krimmler-, im Felber- und im Seidlwinkltal bei Rauris, nun schon seit sechs Jahrhunderten erfolgreich dem unwirtlichen Wetter trotzen. Die Pächter dieser Hospize erhielten vom Landesherrn Zuwendungen und wurden im Gegenzug verpflichtet, sich um erschöpfte oder verirrte Wanderer zu kümmern, arme Reisende für eine Nacht gratis zu verköstigen, zu beherbergen und die Saumwege instand zu halten.

Die wichtigsten für den Süden bestimmten Handelsgüter waren Salz, Leder, Wolle, Leinwand, Holz, Eisen, diverse andere Metalle und, zum Ausgleich der stets negativen Handelsbilanz, große Mengen Tauerngoldes. In die Gegenrichtung wurde – vornehmlich im Winter, weil viele Säumer im Nebenerwerb Bauern und deshalb den Rest des Jahres auf ihren Höfen unabkömmlich waren – die sogenannte Venedigerware geschleppt: Olivenöl, Glas, Südfrüchte, Seife, Baumwolle, Seide, Gewürze und der besonders beim Salzburger Klerus so begehrte „welsche Wein". Zur Blütezeit, um 1500, wechselten pro Jahr bis zu 5.000 Tonnen Güter die Seiten. Wobei die Normlast für Pferde, die „Roßsaum", mit knapp 170 Kilogramm, die „Mannsaum" hingegen mit sechzig bis achtzig festgelegt war.

Gut zwei Drittel des Warenumschlages wurden über die „Untere Straße", die von Werfen aus über den Radstädter Tauern und den Katschberg nach Gmünd, Villach und Gemona verlief, abgewickelt. Rang zwei, was die Frequenz betraf, nahm die „Obere Straße" über Berchtesgaden, Saalfelden, Taxenbach, das Hochtor und Winklern ein. Es folgten der „Untere" und der „Obere Weg" über den Krimmler beziehungsweise Felber Tauern. Doch gelegentlich benützte man auch weiter abseitig gelegene Pässe wie das Hollersbacher Tauernschartl, das Sandebenthörl, den Krimmler und den Mallnitzer Tauern, die Arlscharte zwischen dem Maltatal und Hüttschlag, das Kapruner Thörl alias Kalser Tauern oder die um 1500 von den Fuggern auf eigene Kosten angelegte, damals angeblich vier Meter breite Privatstraße über den Korntauern am Schluß des Gasteiner Anlauftals.

Im späten 17. und frühen 18. Jahrhundert, als man nach und nach die Wege über die niedrigeren Alpenpässe – den Radstädter, den Katschberg und den Brenner – zu Kunststraßen ausbaute, und sich die Hauptströme des Fernhandels überhaupt in andere Weltgegenden zu verlagern begannen, wurde es rund um Großglockner und Großvenediger merklich stiller. Zumal sich auch die Goldminen in Rauris und Gastein, von denen später noch ausführlich die Rede sein wird, just zu dieser Zeit anschickten zu versiegen. Was nicht heißt, daß nicht immer noch Menschenkolonnen die Übergänge passierten – Männer und Frauen aus Osttirol und Kärnten zum Beispiel, die sich, erstere im Winter als Weber, letztere im Sommer als Feldjäterinnen, auf Pinzgauer Höfen verdingten; oder Pilger, die vom Norden hinüber nach Heiligenblut oder in den Osttiroler Wallfahrtsort Obermauern bei Virgen wanderten, um von den himmlischen Mächten im allgemeinen Gnade und im speziellen den Schutz der Haustiere vor Wölfen, Luchsen und Bären zu erbitten; oder verurteilte Übeltäter aus dem Salzburgischen, die, wie zahlreiche Urkunden belegen, von den Erzbischöfen scharenweise im Marschkonvoi nach Venedig überstellt wurden. Auf daß sie als Ruderer von Kriegsgaleeren die Macht der Markusrepublik mehren halfen.

Ab etwa 1800 begann dann eine merkwürdige Spezies Mensch die Hohen Tauern zu erobern: eine bis dahin unbekannte Kreuzung aus Naturwissenschaftern und Alpinisten. Belsazar Hacquet, David Heinrich Hoppe, Ulrich Schiegg, Sigmund Graf von Hohenwart, Franz Freiherr von Wulfen, Rudolf Hinterhuber sowie, ein bis zwei Generationen später, Johann Stüdl und Karl Hofmann, Ignaz von Kürsinger und Anton von Ruthner … All diese Männer, deren Namen heute so manche Schutzhütte trägt, durchstiegen, erstmals nicht von ökonomischen Interessen, sondern von schierer Neugier und sportlichem Ehrgeiz getrieben, unermüdlich die Almböden, Felsschründe und Gletscherbrüche der Region.

Je nach Schneereichtum des Winters – zwischen Anfang April und Ende Mai wird die Glockner-Straße mit Hilfe von Rotationspflügen geräumt. Den Rekord hält das Jahr 1975, als man 800.000 m³ Schnee, das entspricht der Ladung eines 250 km langen Lastzuges, zu beseitigen hatte. Die weißen Wände entlang der Straße waren damals bis zu 21 m hoch (im Bild: das Nordportal des Hochtor-Tunnels). Auf der folgenden Seite: nostalgische Fahrt auf den Kehren nahe dem Fuscher Törl.

Sie vermaßen mit ihren schweren, sperrigen Theodoliten die Gipfel, sammelten und katalogisierten Pflanzen und Insekten, machten auch Bekanntschaft mit den diversen Launen der örtlichen Wettergötter und hielten all diese aufregend neuen Erfahrungen in Reisetagebüchern und Journalen so authentisch fest, daß sie damit vor allem bei den Städtern ihrer Zeit jene Begeisterung für das Hochgebirge weckten, die schon bald in konkreten Taten zur Erschließung, aber auch zum Schutz eben dieser ihren Niederschlag fand.

Bereits 1832 waren am Fuße des Glockners die Hofmanns- und die Oberwalderhütte errichtet worden, die damit zu den frühesten derartigen Unterkünften in den Ostalpen zählen. Bereits 1880 entstand mit der Errichtung der Erzherzog-Johann-Hütte auf der Adlersruhe (3.454 Meter) das bis heute höchstgelegene Schutzhaus Österreichs. Etwa zur gleichen Zeit begann der Alpenverein – nachdem inzwischen in Wyoming, im Nordwesten der USA, als weltweit erste derartige Schutzzone der Yellowstone-Nationalpark gegründet worden war – die Prinzipien des Landschafts- und Naturschutzes zu propagieren. 1909 riefen deutsche Naturfreunde gemeinsam mit dem österreichischen ‚Reichsbund für Vogelkunde und Vogelschutz' in München einen ‚Verein Naturschutzpark' ins Leben. Dessen erklärtes Ziel lautete, „in den Hohen Tauern die Flora und Fauna zu schützen, die Gebirgsbäche, Seen und Wasserfälle in ihrem Verlauf zu erhalten und sie vor Ausnutzung für die Industrie oder für Eisenbahnzwecke zu bewahren". Wenig später schlug der Salzburger Jurist August Prinzinger öffentlich vor, im Stubach- und Ammertal ein Naturschutzgebiet nach amerikanischem Vorbild zu begründen. Tatsächlich erwarben der ‚Verein Naturschutzpark' und der Alpenverein noch vor Ausbruch des Ersten Weltkriegs in besagtem Gebiet gemeinsam elf Quadratkilometer Alm- und Ödland. In den zwanziger Jahren erließ das Land Salzburg ein Naturschutzgesetz und richtete im Gebiet um die Granatspitzgruppe ein Pflanzenschongebiet ein. Und 1939 legte die Oberste Naturschutzbehörde in Berlin sogar einen Plan über die Errichtung eines Nationalparks Hohe Tauern vor. Doch es mußten noch mehrere Jahrzehnte vergehen und die Behörden in Straßburg ein ‚Europäisches Naturschutzjahr' ausrufen (was 1970 geschah), ehe sich Salzburg, Kärnten und Tirol zu einer konzer-

Die klassische Ansicht: die Pasterze mit dem 3.797 m hohen Glockner. Darunter: Kuriosum auf einer Pinzgauer Folklore-Schau – eine fahrbare Holzknechthütte auf einem Schlitten.

Vorhergehende Doppelseite: die Schleife um den Törlkopf oberhalb des Fuscher Törls mit jener Kapelle, die Clemens Holzmeister zum Gedenken an die während des Straßenbaus ums Leben gekommenen Arbeiter geschaffen hat. Im Hintergrund: Pfandlscharte, Fuscherkarkopf und dahinter die Glocknerspitze.

tierten Aktion aufrafften. Am 21. Oktober 1971 schließlich trafen einander die Landeshauptleute der drei Bundesländer in Heiligenblut und bekundeten wenigstens einmal schriftlich die Absicht, einen solchen Nationalpark wirklich einrichten zu wollen.

Es folgte das bei solchen Projekten offenbar unvermeidliche Gefeilsche um Paragraphen. Wobei die Rolle der Buhmänner, sprich der hartnäckigsten Widersacher der Ökologen, bei den Herren der E-Wirtschaft in guten Händen lag. Immerhin herrschte noch die Hochblüte der Bettenburgen, Seilbahnen und Großkraftwerke, und Bauern und Bürgermeister sorgten sich mehr um Arbeitsplätze und Übernachtungszahlen als um Umwelt, Zukunft und Tradition. Doch 1983/84 machten die Kärntner und Salzburger Ernst und erklärten große Bereiche der Reichenspitz-, Venediger-, Granatspitz-, Glockner-, Schober-, Goldberg- und Ankogelgruppe – alles in allem eine Fläche von über 800 Quadratkilometern – per Gesetz zum Nationalpark, um, wie es im Vertragstext heißt, „deren Schönheit und Ursprünglichkeit zu erhalten, deren charakteristische Tiere und Pflanzen zu bewahren und einem möglichst großen Kreis von Menschen ein eindrucksvolles Naturerlebnis zu ermöglichen". 1992 schlossen sich auch die Osttiroler mit beträchtlichen Flächen an. Da man allerdings neben die Protektion der Naturlandschaft gleichrangig die „Erhaltung, Pflege und Gestaltung der naturnahen Kulturlandschaft" stellte, gliederte man das nunmehr insgesamt 1.800 Quadratkilometer große Gebiet in drei Zonen, in denen jeweils unterschiedliche Kriterien des Schutzes gelten: in die ‚Kernzone' – die grandiose Gipfelwelt des ewigen Eises, der steilen Felswände und glasklaren Gletscherbäche; in die ‚Außenzone' – die Region der Almen und Wälder, Bergseen, Moore und Wasserfälle; und in die ‚Kulturzone', welche die Dörfer draußen in den Haupttälern umfaßt (siehe auch das Glossar ab Seite 160). Darüber hinaus schuf man die Möglichkeit zur Errichtung sogenannter Sonderschutzzonen, die mittlerweile für das zur Gemeinde Fusch gehörige Piffkar, das Wandl bei Rauris und das Untersulzbachtal genutzt wurde. Diese Gebiete werden weder beweidet noch bejagt. Auch das Schlägern von Holz und das Sammeln von Pflanzen oder Mineralien ist hier verboten. Und im Fall der Gamsgrube, die meterhoch von eiszeitlichem Flugsand bedeckt und von einer einzigartigen hochalpinen Steppenvegetation bewachsen ist, gilt sogar strengstes Betretungsverbot.

Der Gesetzesbeschluß bereitete etlichen Großprojekten ein endgültiges Ende. Die bereits weit gediehenen Pläne, den Gletscher des Großvenedigers als Skigebiet zu erschließen und als Wasserlieferant für ein weiteres Megakraftwerk zu mißbrauchen, wurden ebenso wie jene für eine Renaissance des industriellen Goldbergbaus im Rauriser Tal begraben. Auch stellte man sämtliche Projekte für neue Skilifte, Seilbahnen und Hotels auf Nationalparkboden unverzüglich ein. „1983", erinnert sich der Leiter der Nationalpark-Verwaltung Dipl. Ing. Harald Kremser mit merklicher Zufriedenheit, „waren über siebzig Prozent der Bevölkerung gegen das Gesetz. Seither werben wir um Verständnis für die Naturschutzidee." Und mittlerweile wünschten, so habe eine Umfrage ergeben, neun von zehn Anrainern die Beibehaltung, ja sogar Ausweitung des Nationalparks.

Bereits im 19. Jahrhundert war parallel zum Bewußtsein um die Schönheit und Verletzlichkeit der Gebirgswelt auch der Wunsch erwacht, sie breiteren Bevölkerungsschichten zugänglich zu machen. So hatte etwa schon 1889 ein gewisser Heinrich Schröder um die Vorkonzession für eine Adhäsions- und Zahnschienenbahn angesucht, die von der Zugstation Bruck-Fusch über Ferleiten und die Pfandlscharte bis zum Glocknerhaus führen sollte. Auch wälzte der ehrgeizige Ingenieur Pläne, mit einer Seilbahn die Pasterze zu queren und von dort durch eine Stollenbahn die „vorläufige Endstation" Adlersruhe zu erreichen. Wenig später tauchte gar der Plan einer Seilbahn auf den Fuscherkarkopf auf. Kaum waren diese Ideen dank ihrer Unfinanzierbarkeit verworfen, errichtete man auf Kärntner Seite in achtjähriger Bauzeit ein einspuriges Mautsträßchen, auf dem Touristen im Zweispänner für kurze Zeit bis zum Glocknerhaus gelangen konnten. Es wurde jedoch 1917 durch mehrere Erdrutsche zerstört. Einziger nennenswerter Verkehrsbau blieb zu Zeiten der Monarchie jene 1905 eröffnete Fahrstraße von Fusch hinauf nach Ferleiten. Die Genehmigung dafür hatte Johann Mayr – seines Zeichens Sproß der altehrwürdigen Wirtsfamilie des ‚Lukashansl' in Bruck und Abgeordneter zum Salzburger

Eine Kehre mit der originalen Pflasterung an der Nordrampe zwischen Ferleiten und Fuscher Törl. Nur ein kurzes Stück weiter erreicht die Straße die Baumgrenze, die hier in etwa 1.800 m Seehöhe verläuft.

Folgende Doppelseite: Der mittlere Abschnitt der Pasterze mit der nur per pedes erreichbaren, 2.434 m hoch gelegenen Hofmannshütte.

Landtag – bei einer Audienz in Wien vom Kaiser höchstpersönlich erwirkt.

Den von Mühsal und Kargheit geprägten Alltag der Menschen in der Talschaft beeinflußten all diese kühnen Projekte ohnehin kaum. Sie trotzten dem Boden in diesem rauhen Klima wie eh und je ihre kümmerlichen Ernten ab. Ein Schuster, ein Schmied, ein Pfarrer versorgten die Einheimischen mit Schuhen, Beschlägen und Seelenheil. Ein, zwei Gasthöfe boten gesellige Zerstreuung und den Fremden schlichtes Quartier. Und bisweilen verdienten sich die Männer ein Zubrot, indem sie den hohen und höhensüchtigen Herren, die in diesem abgeschiedenen Landstrich vermehrt auftauchten, seit Fürstbischof Franz Altgraf von Salm-Reiferscheidt im Jahr 1800 den „bis dahin unerstiegenen Berg Groß-Glockner" bezwungen hatte, den gefahrvollen Weg hinauf zu den Gipfeln wiesen.

Verkehrspolitisch frischer Wind blies erst wieder zu Beginn der zwanziger Jahre durch das Tal. In Mittersill hatten sich im Sommer 1922 hohe Beamte getroffen, um, wie man auf Amtsdeutsch stelzte, „die technische Überprüfung der Ausbauwürdigkeit einer seitens des Bundesministeriums für Verkehrswesen angeregten fahrbaren Wegverbindung von Fusch nach Heiligenblut" zu erörtern – vor der düsteren Kulisse des österreichischen Wirtschaftsdesasters ein geradezu verwegenes Unterfangen. Erwartungsgemäß ließ die vom Völkerbund verordnete Sanierung der Staatsfinanzen den Vorschlag in den Schubladen der Behörden verschwinden. Doch im Hintergrund bastelten die Länder Salzburg und Kärnten an dem Projekt zielstrebig weiter. Zwei Jahre später tauchte im Fuscher Tal ein gewisser Dipl. Ing. Franz Wallack auf, der von einem ‚Ausschuß zur Erbauung einer Großglockner-Hochalpenstraße' den Auftrag erhalten hatte, generell eine Fahrverbindung vom Salzach- in das Mölltal zu planen. Binnen zwei Monaten legte der forsche Landesbaurat mit den scharfen Gesichtszügen und der Pullmannkappe, die in den folgenden Jahren zu seinem Markenzeichen werden sollte, ein detailliertes Konzept für die Trassierung vor. Doch obwohl ihm „allgemein Anerkennung gezollt wurde", mußte er, Hand in Hand mit dem Salzburger Landeshauptmann Franz Rehrl, noch sechs Jahre lang um Zustimmung und vor allem um Geld kämpfen, ehe am

Auf den Spuren der historischen Säumer unterwegs durch das Rauriser Seidlwinkltal. Seit ein paar Jahren wird Gästen der Region die Möglichkeit geboten, bei solchen „Säumerzügen" zwischen Rauris und dem kärnterischen Großkirchheim oder zwischen Mittersill und Matrei in Osttirol mitzumarschieren.

30. September 1930 in Ferleiten die erste Sprengung krachen und damit den Baubeginn signalisieren durfte.

Den Durchbruch hatte Rehrl mit einem Zeitungsartikel eingeleitet, in dem er eine ebenso sensationelle wie monumentale Idee kundtat: Alle Wasser der Hohen Tauern sollten in 2.100 Metern Seehöhe von Kanälen, dem Prinzip von Dachrinnen gleich, aufgefangen, durch Stollen in das Kapruner Tal geleitet und dort durch ein Riesenkraftwerk geschickt werden. Da auch das Einzugsgebiet auf der Südseite des Tauernkamms miteinbezogen würde, müßten, so meinte Rehrl, Stollen durch das Massiv geführt werden. Einer dieser Stollen im Glocknerbereich könne ohne großen Aufwand zu einem befahrbaren Tunnel ausgebaut werden. Das kolossale Kraftwerksprojekt wurde aufgrund technischer und ökologischer Bedenken aufgeschoben und bekanntlich erst mit zwanzigjähriger Verspätung in reduzierter Form verwirklicht. Doch die Aufmerksamkeit der Öffentlichkeit war nach Jahren endlich wieder auf den Plan für die Paßstraße gelenkt. Es dauerte nicht lange, da rangen sich Bund und Länder zu Taten durch.

Wie es auf der Baustelle zuging, zeigt ein Blick in das Photoarchiv der Glockner-Straßen A.G. in deren Zentrale in Salzburg Stadt. Zerwühlte Berghänge sind dort auf gläsernen Schwarzweiß-Dias zu sehen. Ärmliche Holzbaracken am Fuße mächtiger Geröllhalden, schwitzende Männer, in Felswänden hängend, bohrend, martialisch schwere Hämmer schwingend, archaische Walzen, Fuhrwerke, schneeschaufelnde Arbeiterkolonnen; aber auch Menschenmassen bei Eröffnungen, Politiker, Reden haltend und Hände schüttelnd. Ein Bild zeigt Kanzler Dollfuß und den fülligen Landeshauptmann hoch zu Roß beim Lokalaugenschein. Ein anderes wieder Rehrl am Steuer eines ‚Steyr 100', der sich über den groben Schotter des noch unbefestigten Bergsträßchens quält. „1. Überquerung des Tauernmassivs – 22. Sept. 1934" kündet ein Transparent an der Wagenseite.

Rehrl und Wallack waren, was man heute PR-Genies nennen würde. Für den Tag nach der Eröffnung der Straße hatten sie das ‚Erste Internationale Großglockner-Rennen' organisiert (Sieger: Mario Tadini auf einem Alfa Romeo P3). Im darauffolgenden Winter trainierte am Hochtor die rotweißrote

Nicht nur bei großen Anlässen wie der Einweihung der Glocknerstraße, sondern auch beim Kirtag, bei der Hochzeit oder dem allwöchentlichen Frühschoppen fehlt im Pinzgau und Pongau die Blasmusik nie. Im Bild: eine Kapelle in Zell am See bei einer Verschnaufpause.

Wer Kontraste liebt, kommt im Nationalpark-Gebiet voll auf seine Rechnung. Oben: Bergeinsamkeit im Innergschlöß vor der Kulisse des Großvenedigers. Unten: Bei ausgelassenen Festivitäten wie etwa dem Tag der Goldwäscher in Rauris werfen sich die stämmigsten Männer gerne in die historische Montur der Säumer. Jener im Vordergrund erinnert daran, daß man vor allem im 16. und 17. Jahrhundert auch tonnenweise süßen Welschwein über die Tauern verfrachtete. Zur Blütezeit, um 1640, lagerten in den Kellern des Erzbischofs in Salzburg sage und schreibe 90.000 Liter.

Skinationalmannschaft in Vorbereitung auf die Olympiade in Garmisch. Und bald nach dem Krieg, 1949, machte man die Etappe hinauf zum Hochtor zum Höhepunkt der Österreich-Radrundfahrt (erster ‚Glockner-König': Richard Menapace). Ausschlaggebend für den Baubeschluß war zweifellos die verheerende Massenarbeitslosigkeit gewesen, die man mit Infrastrukturprojekten zu bekämpfen trachtete. Auch sollte die Straße helfen, eine nationale Kränkung zu lindern. Denn nach dem Verlust Südtirols durch den Friedensvertrag von St. Germain war die Verbindung von Nord- nach Osttirol und nach Kärnten nur über das Ausland oder immense Umwege möglich. Doch schon bei Planungsbeginn war klar gewesen, daß „die Einnahmen aus dem Fremdenverkehr um ein Vielfaches höher sein würden, als der anderweitige Nutzen", weshalb sich die Straße „nicht nur harmonisch in das Landschaftsbild einfügen, sondern – im Interesse des zögernd erwachenden Massentourismus – gleichzeitig möglichst viele schöne Aussichtspunkte direkt berühren sollte". Immerhin gab es in Österreich zu dieser Zeit 8.354 Personenkraftwägen und 4.536 Motorräder.

Eine Fahrt über die fast 50 Kilometer lange Straße verlangt auch sechs Jahrzehnte nach ihrer Fertigstellung dem Benützer immer noch höchste Anerkennung für das Geschick ihrer Schöpfer ab: rund 60 Brückenbauten, 600 Rohrdurchlässe, zwei Straßentunnels, 26 Kehren, eine Höhendifferenz von 2.000 Metern, eine halbe Million Kubikmeter gesprengter Fels, ein etwa ebensogroßes Volumen bewegter Erde und eine Rekordbauzeit von nur 28 Monaten bescheinigt die Statistik. Mindestens ebenso bewundernswert sind freilich die Anmut, mit der sich das Bauwerk in die Landschaft schmiegt, und die Panoramen, die sich von ihr aus dem Betrachter eröffnen. Ob der weite Talboden von Ferleiten mit seinen bewaldeten Lehnen unterhalb des Hohen Tenns und des Großen Wiesbachhorns, das Hochmais mit dem von Wasserfällen umkränzten Käfertal oder das Unternaßfeld mit dem wilden Bergsturzgebiet der Hexenküche, ob die Stichstraße zur Edelweißspitze, das den Scheitelpunkt der Transitstraße bildende Hochtor oder die Kaiser-Franz-Josefs-Höhe, wo einem der Großglockner direkt gegenüber- und der Pasterzen-Gletscher in seiner

Die mondäne Skyline von Zell am See mit dem Grand Hotel vor dem gewaltigen Riegel des Tauernhauptkamms.

ganzen, 10 Kilometer langen Pracht zu Füßen liegt – von jeder Kehre tun sich neue, atemberaubende Perspektiven auf, die geradezu reflexhaft den Griff zum Photoapparat auslösen.

Dieser „sonnennahe Akkord von Kunst und Natur", wie die Festschrift zur Einweihung das Bauwerk benannte, übte von Beginn an eine unwiderstehliche Faszination aus: Schon im Eröffnungsjahr 1935 erklommen, übrigens noch im Linksverkehr, 12.900 österreichische Autos, das waren rund sechzig Prozent aller im Lande zugelassenen Privat-PKWs, die Straße. 1938, der Großglockner war inzwischen zu „Deutschlands höchstem Berg" aufgestiegen, erhöhte sich die Benützerfrequenz um das Zweieinhalbfache und 1955, im Jahr des Staatsvertrags, erneut um vierzig Prozent. Heute zählt man an den Mautkassen in Ferleiten und Roßbach pro Saison weit über eine Million Besucher. Deren Gesamtzahl seit der Eröffnung nähert sich der 50 Millionen-Grenze. An Schönwettertagen sind auf der nur von etwa Anfang Mai bis Anfang November geöffneten Strecke an die 10.000 Personen unterwegs.

Natürlich steht solch ein Massenauftrieb in krassem Gegensatz zu dem Schutzgedanken, wie er im Nationalpark oberste Priorität genießt. Doch paradoxerweise sind die Naturschützer über die Anziehungskraft solcher Publikumsmagneten froh. Es sei besser, sagen sie, die Gäste pilgerten in Pulks zu den ‚Highlights' wie dem Gletscherski- und Kraftwerkszirkus Kitzsteinhorn-Kaprun, den Krimmler Wasserfällen oder eben auf die Edelweißspitze und Franz Josefs-Höhe, als gleichmäßig die gesamte Region zu überfluten. So bleibe der unvermeidliche Schaden gering und der überwiegende Teil des Nationalparks jenes Paradies für Ruhebedürftige, das er immer schon war. In der Tat müssen Einsamkeitssucher in keinem der umliegenden Täler lange nach stillen Plätzchen suchen. Und jeder einheimische Bergführer kann zahlreiche Dreitausender nennen, in deren rostige Gipfelbücher sich während Jahrzehnten kaum eine Seilschaft eingetragen hat.

Vor einiger Zeit waren die Steinböcke in den Zentralalpen akut vom Aussterben bedroht. Nun tummeln sie sich, wie hier am Rand der Pasterze, wieder zahlreich in freier Wildbahn.

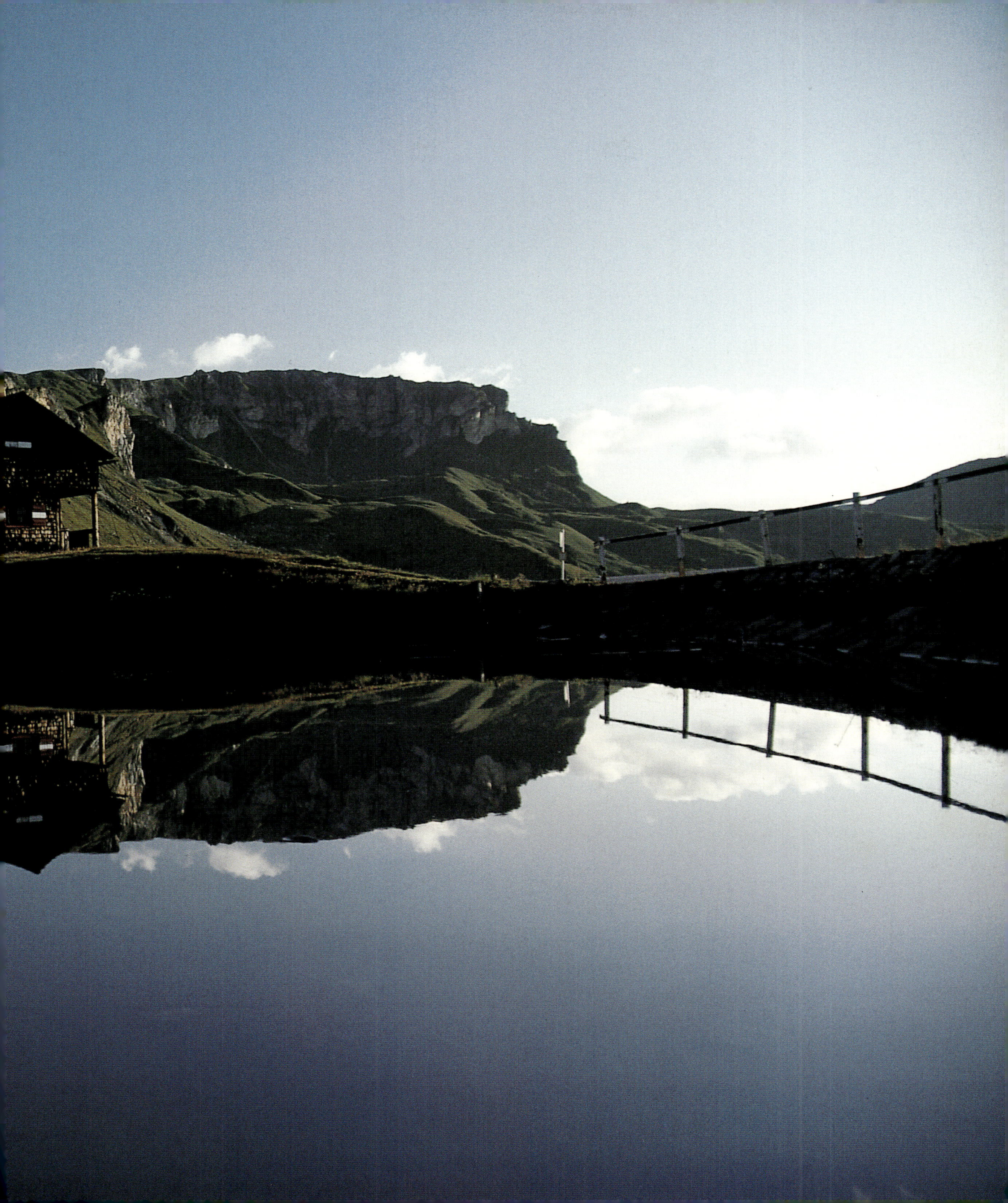

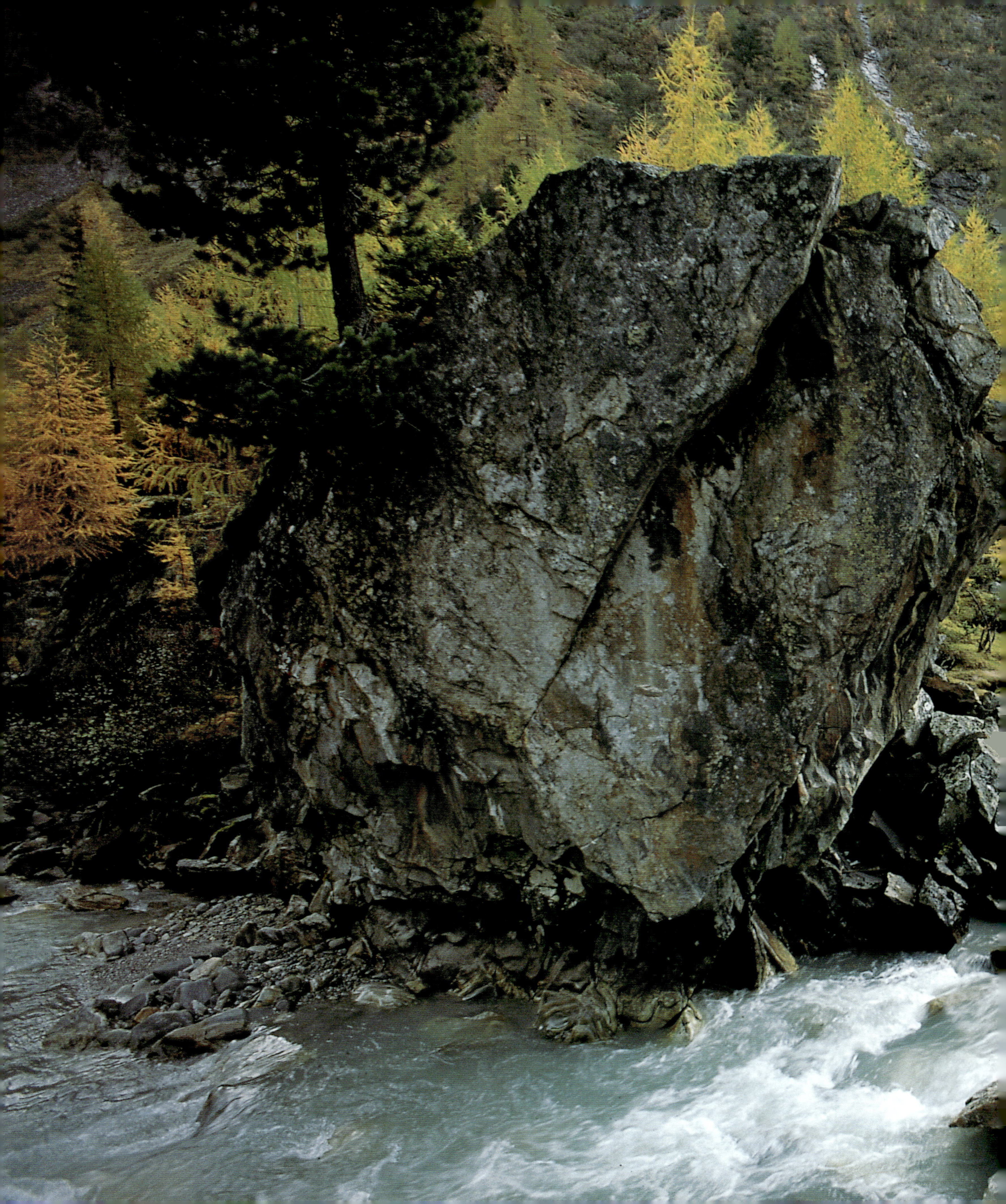

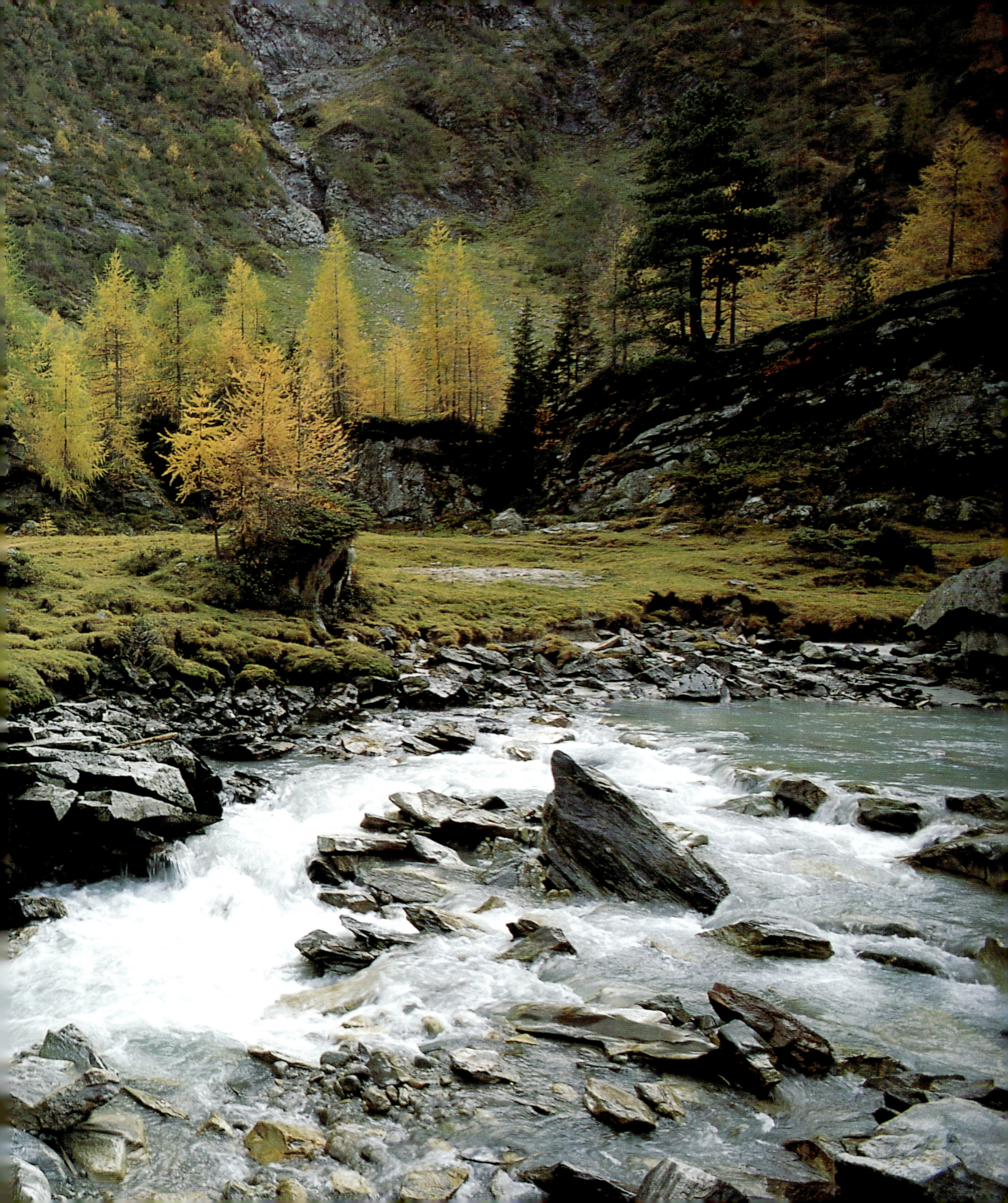

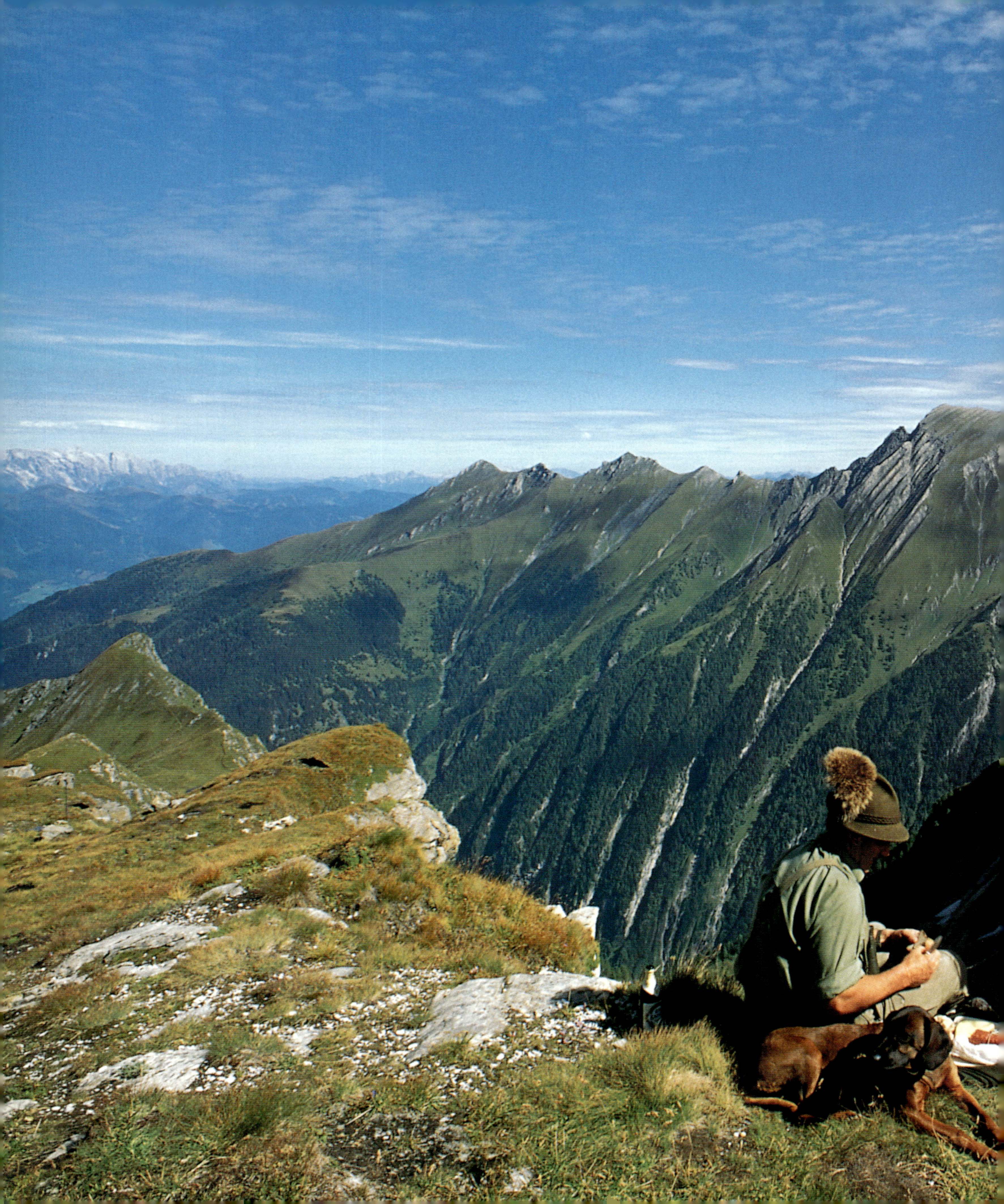

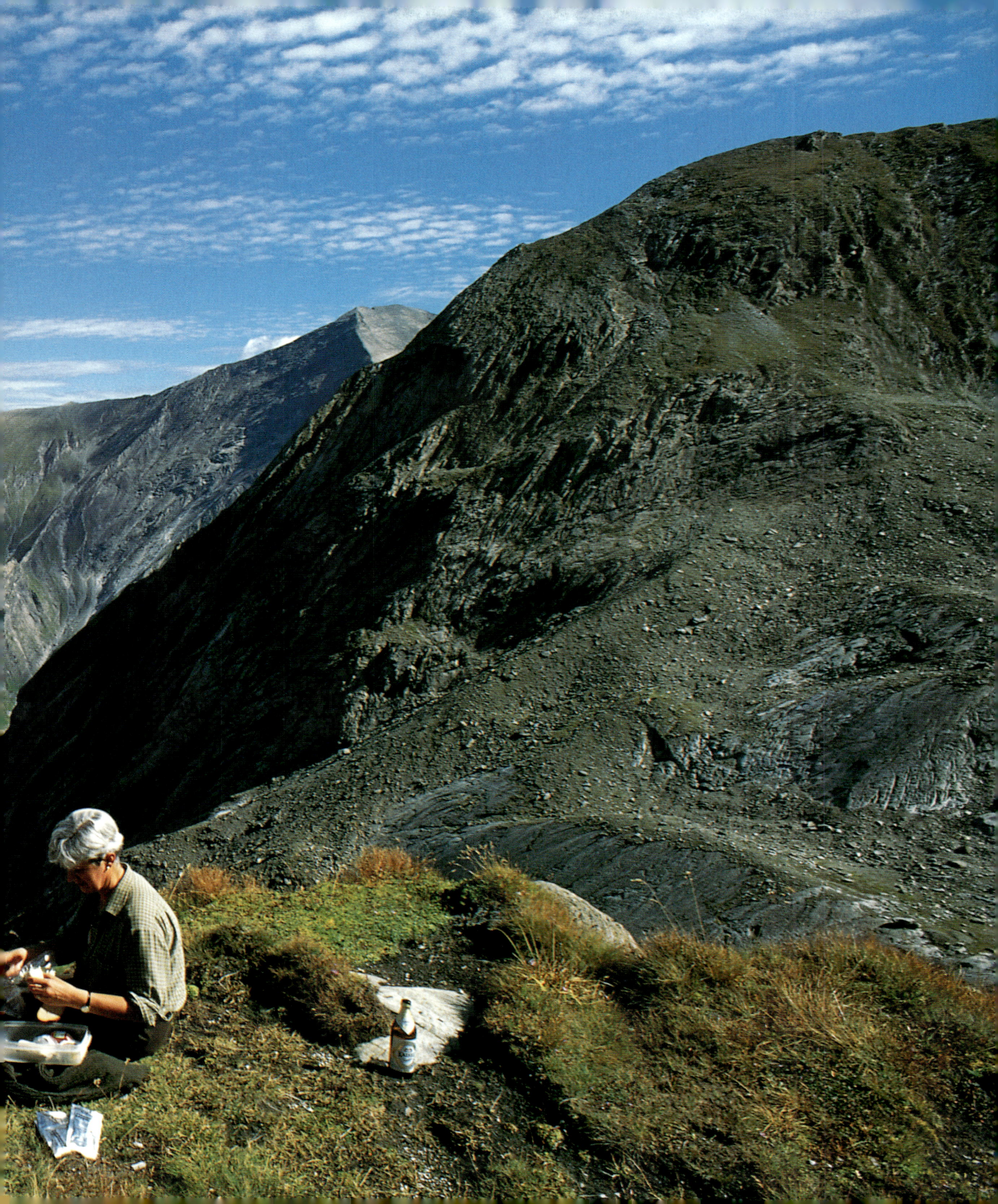

*Vorhergehende Doppelseiten: gespiegelte Idylle an der Glocknerstraße – die Fuscher Lacke (34/35);
Herbststimmung im osttiroler Innergschlöß (36/37);
Jägerpaar bei der Jausenpause auf dem Kitzsteinhorn (38/39).*

Ein Talschluß wie im Bilderbuch: scheinbar unüberwindlich ragt der Hohe Sonnblick (3.105 m) über Kolm Saigurn in den Himmel. Am Gipfelgrat deutlich erkennbar: Wetterwarte und Zittelhaus.

Von Goldwäschern, Geiern und Wetterfröschen

Das Raurisertal

Man stelle sich vor: ein makelloser Tag mit jener tiefen Bläue und jenem samtenen Licht, wie man ihn nur im Herbst und nur im Gebirge erleben kann. Die Luft duftet nach Harz und würzigen Kräutern. Das Moos unter den Fußsohlen ist weich und kühl. Vor dem Hintergrund der smaragdgrünen Steilhänge leuchten einzelne vergilbende Lärchen, darüber die schon angezuckerten Gipfel der Dreitausender. Und am Talgrund mäandert ein kristallklarer Gletscherbach über den Wiesenteppich. Die wenigen Wanderer haben sich auf den vielen Wegen verlaufen. Es ist still, so still, daß man das eigene Blut – oder ist's doch das Wasser? – zu hören meint. Nur das Gebimmel von Kuhglocken dringt hie und da leise ans Ohr, während hoch droben im grenzenlosen Himmel lautlos und stecknadelkopfgroß ein Raubvogel seine Kreise zieht.

Dieser unversehrte, von einigen wenigen Gehöften durchsetzte Landstrich – wir befinden uns südlich von Rauris, im hinteren Hüttwinkltal – ist nicht nur ein Paradies für jeden Erholungsuchenden, sondern seit nunmehr bald zwanzig Jahren auch wieder die Heimat für einen spektakulären Vogel, der davor bereits fast ein Jahrhundert lang in den gesamten Alpen ausgerottet war. 1978 nämlich hat der World Wildlife Fund hier, gemeinsam mit der Frankfurter Zoologischen Gesellschaft und der Veterinärmedizinischen Universität Wien, ein international vielbeachtetes Projekt gestartet: die Wiederansiedlung des Bartgeiers. Nina Roth-Callies, die wissenschaftliche Leiterin, veranstaltet zwischen Spätfrühling und Frühherbst einmal wöchentlich unentgeltliche Exkursionen. Sie führen von Bucheben durch ein einsames Seitental, das Krumltal, hinauf in die Nähe jener Felsnischen, in denen bis heute bereits über siebzig Nestlinge freigelassen worden sind und auch schon ein erwachsenes Vogelpaar seinen Horst pflegt. Während des zweistündigen Aufstiegs durch die wildromantische Landschaft erzählt sie mit Begeisterung, aber ohne Schwärmerei, von den Mühen der Vergangenheit, vom jahrelangen Aufbau des Zuchtprogramms in Gehegen des Innsbrucker Zoos; vom ersten Aussetzen der drei Monate alten, flugunfähigen Jungtiere im Jahr 1986, das sich seither alljährlich im Mai wiederholt; vom Markieren des Nachwuchses, bei dem einzelne Federn gebleicht werden, um die heranwachsenden Tiere unterscheiden zu können; von der ununterbrochenen Beobachtung durch die zahlreichen ehrenamtlichen Mitarbeiter. Und von der mittlerweile erfolgten Ausweitung des Programms auf Freilassungsorte in Hoch Savoyen, im Engadin und in den Meeralpen an der italienisch-südfranzösischen Grenze. Aber auch allerlei Besonderheiten ihrer gefiederten Schützlinge erläutert sie – deren gigantische, beinah drei Meter weite Flügelspanne, die roten Augenringe und die charakteristischen Bartfedern über dem Schnabel, die rätselhafte Angewohnheit, regelmäßig in eisenhältigen Gewässern zu baden, um dem Brust- und Kehlgefieder eine leuchtend rostrote Farbe zu verleihen, und sie erzählt von der Nützlichkeit dieser alpinen Gesundheitspolizisten, die tote Gemsen, Schafe und Steinböcke samt ihren Knochen verputzen.

Am Wanderziel, der Bräualm in 1.700 Metern Höhe, angelangt, ist man im ersten Moment vielleicht enttäuscht. Denn mit bloßem Auge ist kein Geier zu sehen. Erst durch das Fernglas entdeckt man die Schemen der scheuen Tiere – mehrere hundert Meter Luftlinie entfernt in besagter, nur Kletterspezialisten zugänglichen Felsnische. Doch wer ein bißchen Geduld aufbringt, sieht früher oder später einen der Riesenvögel aufsteigen. Und mit etwas Glück kann man sogar ein streitbares Männchen beim Luftkampf mit einem Steinadler beobachten. Oder ein Jungpaar beim Balzflug. Schließlich bahne sich, frohlocken die Betreuer, schon seit längerem das fundamentale Ereignis einer ersten „Geburt" in freier Natur an.

Geduld ist auch beim Goldwaschen in der Rauriser Ache, einer beliebten Urlaubsbeschäftigung, vonnöten. Für zwanzig Schilling Lizenzgebühr pro Tag bekommen selbsternannte Glücksritter an einem eigens beschilderten Uferplatz Schaufel und Plastikpfanne ausgehändigt und zudem von einem Aufseher erklärt, wo (nämlich im Schwemmsand hinter größeren Steinen) man buddeln muß, und wie (nämlich mit vorsichtigen Kreisbewegungen) man den Sand hernach ausschwemmt. Wer nach stundenlangem Suchen am Grund seiner Pfanne tatsächlich ein wenig Goldflitter entdeckt, kann ihn getrost mit nach Hause nehmen. Als Souvenir mit bloß ideellem Wert. Nur die Profis aus aller Herren Länder, die einander hier regelmäßig zum Wettwaschen treffen und sogar schon Weltmeisterschaften abgehalten haben, müssen ihre Funde brav abliefern. Denn die Goldplättchen, die sie im Kampf gegen die Stoppuhr aus streng portionierten Sandladungen auszuwaschen haben, werden von der Jury zuvor genau abgezählt.

Ein stimmungsvoller Ort, die vom Gletscherwasser halb gefrorenen Hände aufzutauen, ist das Naturfreundehaus von Kolm Saigurn. In dem urigen Steinbau am hinteren Ende des Hüttwinkltals, aus dem man kürzlich erst den Autoverkehr verbannt hat, geben sich die örtlichen Bergführer gerne ein Stelldichein. Wenn sie an langen Abenden, vom Vogelbeerschnaps oder Glühwein angefeuert, ins Reden kommen, nehmen sie Zuhörer mit auf eine spannende Zeitreise tief in die wechselvolle Vergangenheit ihrer Heimat. Vom Goldrausch ist dann zu hören, der diesen düsteren, weltabgewandten Talschluß Mitte des 16. Jahrhunderts heimgesucht hat, und von den mehr als zweitausend Knappen, die

Der Nationalpark als Refugium für Raubvögel: Der Gänse- oder Weißkopfgeier (oben) kommt gerne als „Sommerfrischler" vom Balkan zu Besuch. Steinadler (vis-à-vis unten) und Bartgeier (darüber) sind – wieder – ganzjährig heimisch. So nahe wie diese sorgsam konservierten Ausstellungsstücke aus den Heimatmuseen von Rauris und Bramberg bekommen wir Menschen lebendige Exemplare in freier Wildbahn freilich nie zu Gesicht.

Folgende Seite: das Raurisertal unter Wolken; im Hintergrund: die markante „Nase" des Sonnblicks.

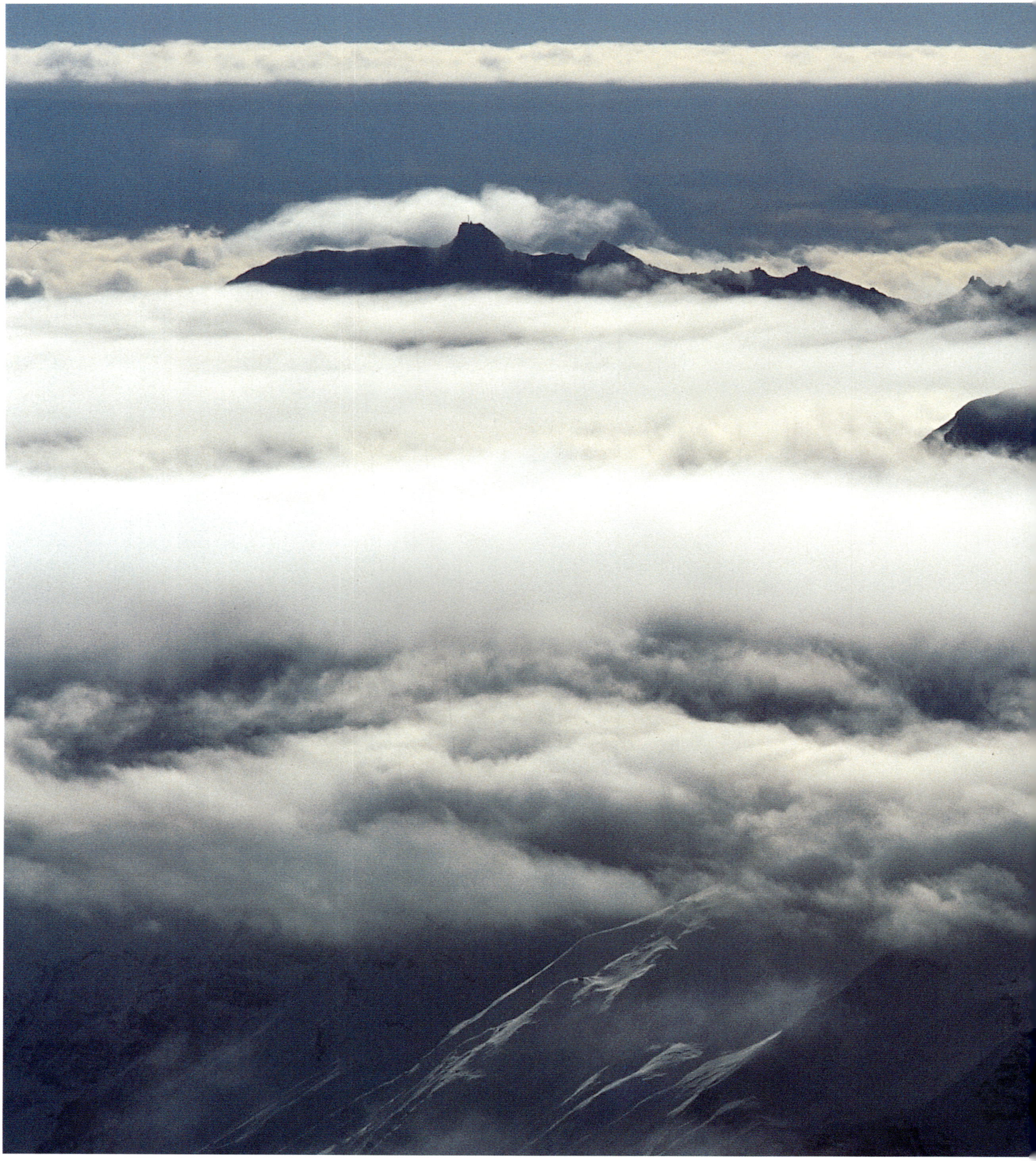

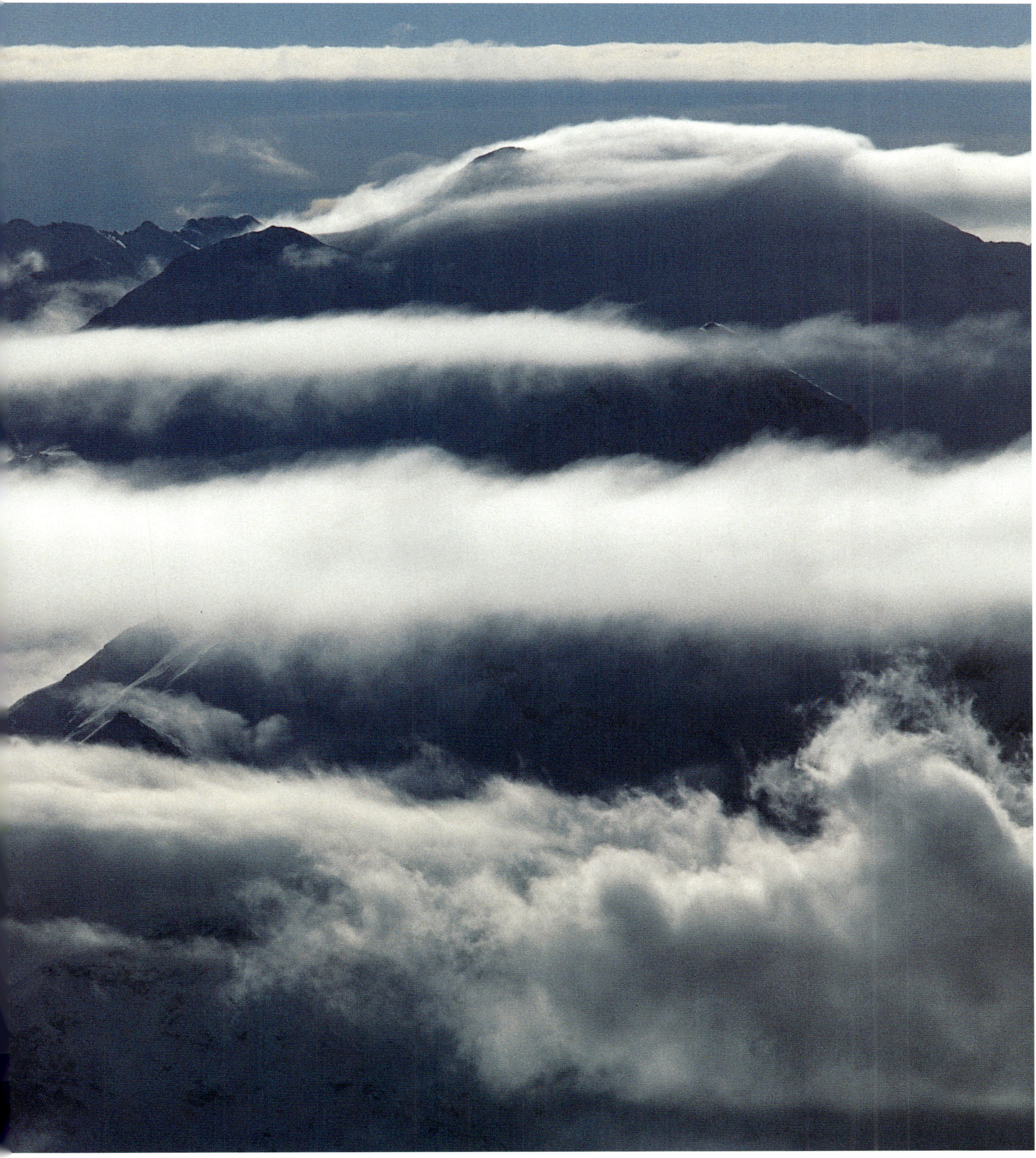

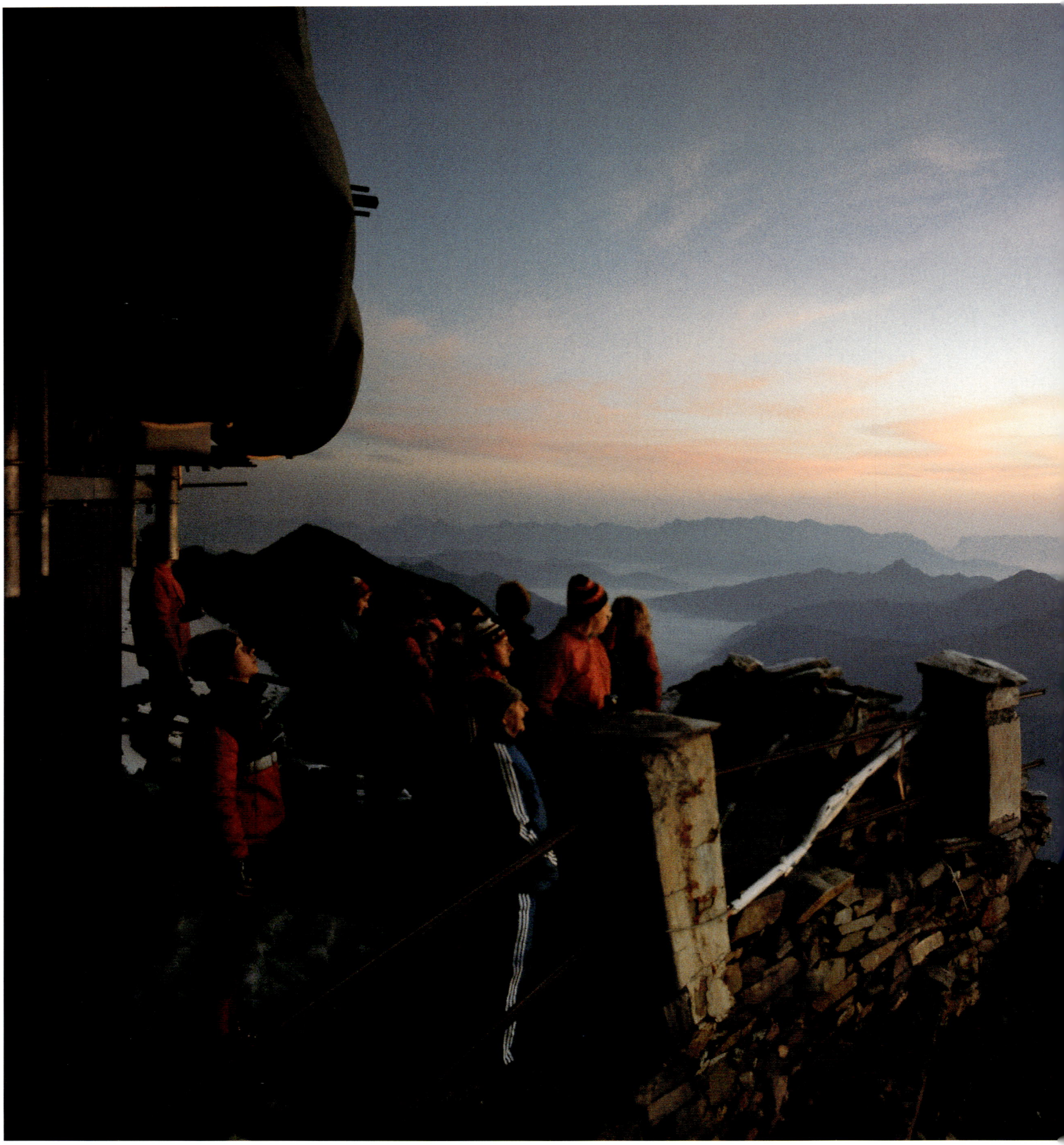

aus der Rauriser und der benachbarten Gasteiner Ache mittelalterliche Klondikes machten. Ignaz Rojacher ersteht im Geiste wieder auf, jener legendäre Autodidakt, der ab 1870 dem hiesigen Goldbergbau zu einem neuen, kurzen Boom verhalf, indem er die Betriebsanlagen radikal modernisierte, eine Förderbahn und einen Schrägaufzug anlegen ließ, Salzburgs allererste Lichtmaschine installierte, neue Stollen grub und 1886, als Draufgabe, auf dem Gipfel des Hohen Sonnblicks das bis zum heutigen Tag höchstgelegene, ständig bemannte Observatorium Europas baute. Und mit größter Wahrscheinlichkeit wird das Gespräch auch auf jenen amerikanischen Konzern kommen, der vor einigen Jahren erst mit Rieseninvestitionen und hochgiftigen, chemischen Schwemmverfahren den industriellen Goldabbau neubeleben wollte, aber zur großen Erleichterung der Naturschützer rechtzeitig vor Investitionsbeginn in Konkurs ging.

Das Tauerngold. Schon Herodot und nach ihm Strabo haben das Vorkommen dieses zu allen Zeiten unübertroffenen Symbols für Reichtum, Macht und Eitelkeit in den Alpen erwähnt. Bohnengroße Stücke, so berichtete letzterer, ließen sich bei den Tauriskern in nur zwei Fuß Tiefe finden. Weshalb die Römer sehr rasch all die Golderze in ihren Besitz gebracht hätten.
Zum dominierenden Wirtschaftsfaktor der Region wurde das Edelmetall jedoch – auch wenn Nachrichten über erfolgreiches Goldwaschen entlang der Salzach schon aus dem 8. Jahrhundert vorliegen – erst im ausgehenden Mittelalter. Damals begannen die Erzbischöfe den bergmännischen Abbau von Erzen rechtlich zu regeln und systematisch zu fördern. An Lagerstätten herrschte kein Mangel: So wurden etwa in Flachau und Dienten Eisen, in Großarl und bei Mühlbach Kupfer, Gold im Lungauer Murwinkel und in St. Michael und Silber in Ramingstein gewonnen. Und im Gebiet des Rotgüldensees befand sich Europas größtes Vorkommen von Arsen, jener vom Volksmund auch „Hittrach" oder „Erbschaftspulver" genannten bösen Substanz, die sowohl die Venezianer für die Herstellung ihres berühmten Murano-Glases, Quacksalber für ihre Heilungsversuche an Syphilitikern als auch so mancher habgierige Nachkomme für einen heimtückischen Verwandtenmord benutzten.

*Die seinerzeit reichen Goldadern, die den Tauernhauptkamm durchziehen, versetzten die Menschen des Mittelalters in Goldräusche von geradezu alaskischen Dimensionen. Mancher Nachkomme hofft noch heute – freilich mehr als Hobby –, mit der Waschpfanne über den Bach gebeugt, auf den großen Fund.
Im Bild oben: die Nordwest-Front des Großglockners.*

*Vorhergehende Doppelseite:
Nomen est omen – Tagesbeginn von der Terrasse des Sonnblick-Observatoriums.*

Die mit Abstand reichsten Fundstätten besaßen, sowohl was Gold als auch Silber betraf, Rauris und Gastein. Für diese beiden Orte erließ ein gewisser Erzbischof Heinrich von Pirnbrunn bereits 1342 eine Bergordnung – eine Pioniertat in der Geschichte des europäischen Montanrechts. Durch sie genossen Knappen beachtliche soziale Privilegien, beispielsweise die Beschränkung ihrer Arbeitswoche auf vierundvierzig Stunden, oder das Vorrecht, in Ausübung ihres Berufes Waffen zu tragen. Wobei letzteres wohl auch der Erwartung des Landesherren entsprang, daß seine unterirdischen Schätze dadurch im Fall kriegerischer Konflikte effizienter verteidigt würden.

Seinen großen Aufschwung nahm der Salzburger Bergbau Anfang des 16. Jahrhunderts unter Erzbischof Leonhard von Keutschach. Waren die Minen bis dahin von privaten, meist kapitalschwachen Gewerken aus der Gegend erschlossen und betrieben worden, so traten als Pächter nunmehr vorwiegend vermögende Unternehmer auf, die sich die hohen Investitionen für die rasch fortschreitende Modernisierung leisten konnten. Wobei an dieser Stelle anzumerken ist, daß die Abbaumethoden teilweise noch sehr altertümlich waren. Um Stollen voranzutreiben, wurden, wie man es nannte, „Feuer gesetzt": Man erhitzte das Gestein mittels Holzfeuern und schreckte es anschließend mit kaltem Wasser ab. In die so entstandenen Felssprünge schlug man Holzkeile, die man ebenfalls mit Wasser übergoß, auf daß sie aufquollen, den Fels weiter spalteten und das Gestein lockerten. Die gebräuchlichsten Werkzeuge waren Schlegel und Eisen. Die Sprengtechnik kam erst zwei bis drei Generationen später zum Einsatz.

Die Einnahmen der Landesfürsten aus dem Erzabbau hatten bis dahin vor allem aus einer Gewinnbeteiligung bestanden, der sogenannten Fron, die jeder Gewerke abzuliefern hatte. Als „der Keutschacher" im Jahre 1500 die Salzburger Münze wieder eröffnete, nahm er auch den Handel mit Edelmetall selbst in die Hand und verpachteten ihn weiter. Denn ab nun wurden Gold und Silber aus dem „Land inner Gebirg", das bisher vorwiegend nach Venedig abgeflossen war, dringend für die eigene Prägestätte benötigt. In den folgenden Jahrzehnten förderte man in Rauris und Gastein als Jahresmittel rund 650 Kilogramm Gold und 2.000 bis 2.500 Kilogramm Silber. Der 1557 erzielte Spitzenwert von 831 Kilogramm entsprach zehn Prozent der damals bekannten Gold-Weltproduktion. Kein Wunder, daß das Land den Beinamen „Kleines Peru der Alten Welt" erhielt.

Die Ernüchterung nach dem Rausch setzte noch vor 1600 ein. Die großen Mengen Goldes, die aus der Neuen Welt über Spanien nach Europa strömten, ließen die Preise rapide verfallen. Zugleich erwiesen sich immer mehr gewinnträchtige Stollen als erschöpft, andere wurden durch die Eismassen vorrückender Gletscher verlegt. Auch hatte das hemmungslose Roden der Wälder das Bau- und Brennholz akut verknappt. Dazu kam, daß die Landesherren die Gewerken zu immer höheren Abgaben zwangen, und auch die Gebühren für das Scheiden der Metalle sowie die sozialen Ansprüche der Bediensteten ständig stiegen. Ende des 18. Jahrhunderts gelang es Erzbischof Hieronymus Colloredo, obwohl mittlerweile Pestepidemien, die Bauernaufstände und die massenhafte Vertreibung der Protestanten zu einem gravierenden Mangel an Knappen geführt hatten, den Goldbergbau noch einmal für kurze Zeit zu intensivieren. Doch die Wirren der napoleonischen Zeit und die Säkularisierung des Erzbistums machten alle Hoffnungen zunichte. Spätere Wiederbelebungsversuche wie sie Ignaz Rojacher und nach ihm diverse ausländische Kapitalgesellschaften unternahmen, konnten den endgültigen Niedergang zwar immer wieder kurzfristig bremsen, auf Dauer aber nicht verhindern.

Nach solch geselligen Ausflügen in die Bergbau-Geschichte, die sich erfahrungsgemäß bis nach Mitternacht hinziehen und oft feuchtfröhlich enden, empfiehlt sich ein Lokalaugenschein am Schauplatz des Goldrausches, hoch droben im Gelände. Im Morgengrauen bricht man, gestärkt durch Häferlkaffee und ein Butterbrot mit Bierkäs', von Kolm Saigurn auf, stapft bergwärts und findet sich binnen kurzem unversehens mitten in einer veritablen Traumwelt wieder. Man ist umgeben von unaufhörlichem Gegluckse und Geschmatze. Vielarmige, bärtige Hexen und Kobolde bilden ein gespenstisches Spalier. Überall steht dichter Morgennebel. Als er sich wenig später lichtet, löst sich der Zauber. Die Märchenkulisse ist die urweltliche Moorlandschaft des ‚Rauriser Urwalds'. Die Schemengestalten entpuppen sich als Zirben und Lärchen, die Arme und Bärte als

Tradition wird groß geschrieben – ob in der kachelofenwarmen Gaststube des Zittelhauses auf dem 3.105 m hohen Sonnblick-Gipfel oder unten im Raurisertal, wenn die Schnabelperchten Anfang Jänner mit Besen, Schere und lautstarkem „Qua-Qua" die Menschen zu mehr Ordnungsliebe in ihren Haushalten mahnen.

Der Aufgabenbereich des Sonnblick-Observatoriums hat sich, vor allem seit seinem Neubau in den frühen achtziger Jahren, stark erweitert. So werden heute etwa auch Ozon, UV-Strahlung und Radioaktivität laufend überwacht und die chemischen Inhaltsstoffe des Niederschlags und der Schneedecke analysiert.

Seit September 1886 melden die Wetterwarte vom Sonnblick-Gipfel den internationalen Wetterdiensten ohne Unterlaß wertvolle meteorologische Daten. Ihre Wahlheimat ist damit das älteste Bergobservatorium Europas über 3.000 m und immer noch die höchstgelegene, dauernd besetzte Forschungsstation der Alpen.

Die Perchtenläufe gehören im Pinzgau und Pongau zu den mit besonderer Inbrunst betriebenen Bräuchen. Die Bezeichnung „Perchten" für jene dämonischen Gestalten, die in den Rauhnächten des Mittwinters – heute um den 5./6. Jänner – die Menschen in ihren Häusern heimsuchen, reicht in germanische Vorzeit zurück und läßt zwei Deutungen zu: die „Lichtvolle" (das Helle, das Gute) und die „Bergende" (das Dunkle, das Böse). Welche für diese im Rauriser Talmuseum aufbewahrte Schiachpercht zutrifft, bleibt dem persönlichen Geschmack des Betrachters überlassen.

flechten- und moosüberzogene Äste und Stämme. Und die seltsamen Geräusche rühren von den aus Dutzenden Tümpeln aufsteigenden Gärgasen. Dennoch: Ganz von der Hand wird man nach dieser Erfahrung die Theorien mancher Brauchtumsforscher nicht mehr weisen, die behaupten, die Blechblasmusik und das Böllerschießen seien hierzulande auch deshalb so beliebt, weil sie sich gut zum Verscheuchen der Geister und Dämonen eignen. Und auch die von Generation zu Generation mündlich weitergegebenen Geschichten von Erzweibln, Wildfrauen und Tatzlwürmern und den „Venedigermandln", jenen rätselhaften Goldsuchern aus der Lagunenstadt, die angeblich von Zeit zu Zeit, mit schwarzen Mänteln und spitzen Hüten angetan, einsame Wanderer erschreckten und mit Hilfe spezieller Zauberspiegel die Schätze im Inneren der Berge aufspüren konnten, sieht man vielleicht in etwas anderem Licht. Obwohl man natürlich weiß, daß sich hinter den sagenumwobenen Gestalten in Wahrheit kleinwüchsige Italiener aus Fleisch und Blut verbargen, die während des Goldbooms hier oben auf eigene Faust ihr Glück versuchten und in dem für sie ungewohnten Gelände häufig umkamen.

Zwei Stunden später und 600 Meter höher erreicht man das Schutzhaus Neubau. Hier beginnt und endet der Tauerngold-Rundwanderweg, eine Kombination aus Gletscherschaupfad und industriearchäologischem Freilichtmuseum. Die ergiebigsten Erzgruben lagen seinerzeit in Höhen über 2.000 Meter – am Hohen Goldberg, im Titterkar, am Hocharn, im Vogelmair-Ochsenkar. Noch heute sind hier heroben die Ruinen der Knappenunterkünfte und der Seilbahnstation, dem sogenannten Rad- oder Maschinenhaus, zu sehen. Auch der Steindamm, auf dem die Schienen der Brems- beziehungsweise Schleppbahn bis zum Bremserhäusl führten, ist erhalten geblieben. Und ausdauernde Spurensucher können etwas abseits sogar verfallene Stolleneingänge, morsches Bauholz und die Reste sogenannter Schneekrägen entdecken – mit Stützwänden und Abdeckungen aus Holzbohlen versehene Gänge, die den Knappen auch unter fünf, sechs Meter hohem Schnee Bewegungsfreiheit gewährleisteten.

Unentwegte steigen von hier, so sie festes Schuhwerk tragen, über grüne Almmatten und grauen Schieferfels, später auch über Schnee, bis hinauf zum Hohen Sonnblick. Sie übernachten im Zittelhaus, jener altehrwürdigen Schutzhütte, die, vor einigen Jahren teilweise neu erbaut, unübersehbar und wie ein Adlerhorst auf dem scharfkantigen, 3.100 Meter hohen Gipfelgrat klebt. Abends schauen dort gerne die Wetterwarte vom benachbarten Observatorium auf ein Gläschen herein, um zu ‚Hoagaschten', wie das gemütliche Zusammensitzen und Austauschen wahrer und beinah wahrer Geschichten auf Pinzgauerisch heißt. Und während draußen, wie so oft, der Föhn pfeift, erinnern sich die Männer drinnen vor dem knisternden Kachelofen an Orkane, die mit weit mehr als 200 Stundenkilometern tobten, an Temperaturen unter minus dreißig Grad, an meterdicken Rauhreif und seltsame Wetterphänomene wie das Elmsfeuer – bläuliche Flämmchen, durch die sich die Atmosphäre vor schweren Gewittern an Metallgeländern und Dachrinnen entlädt. Lokale Helden wie jenen Wetterwart rühmen sie, der im Zweiten Weltkrieg das Observatorium, um seine Schließung zu verhindern, jahrelang im Alleingang betrieb und alle Vorräte an Brennholz und Proviant selbst in Buckelkraxen aus dem Tal hochschleppte. Und wer genauer hinhört, vernimmt auch leise Flüche über leichtsinnige Touristen, die man als Wetterwart hier oben nur allzuoft unter Todesgefahr bergen muß. Zu guter Letzt schlägt einer der kernigen Burschen dann vielleicht vor, den Sonnenaufgang gemeinsam von der Terrasse der Wetterstation aus zu betrachten.

In diesem Falle erhebt man sich ein paar Stunden später vom Matratzenlager, taumelt im Finstern schlaftrunken in das Nachbargebäude hinüber und erwartet schweigend das große Ereignis – die Erschaffung der Welt. Wie Scherenschnitte ragen die Bergketten mattgrau und bis an den Horizont gestaffelt in den sternenhellen Himmel. Irgendwann weht ein metallisch blauer Schimmer übers Firmament, dann ein blaßrotgoldener. Und dann leuchtet plötzlich die Spitze des Großglockners von der Morgensonne getroffen auf. Wenig später folgen weiter westlich der Großvenediger, dann das Wiesbachhorn, die Dreiherrenspitze, der Ankogel ... Mehr als dreißig Dreitausender erheben sich nach und nach zu einem gigantischen Defilee. Zöge da nicht ein Düsenjet einen feinen Kondensstreifen über den Himmel, man wähnte sich fünfzig Millionen Jahre zurückversetzt, ins Spättertiär, als die Erdkruste sich gerade aus dem Urmeer erhob und zu

Das Obersulzbachkees im Nordwesten des Großvenediger-Gipfels. Auch wenn der Gletscher seit der Erstbesteigung der 3.674 m hohen „weltalten Majestät" im Jahr 1841 dramatisch geschmolzen ist, seine tiefen Schründe flößen dem Berg-Amateur nach wie vor gehörigen Respekt ein.

diesem gewaltigen Felsmassiv faltete. Spätestens nach dem Frühstück jedoch, wenn die Meteorologen ihren Gästen all die komplizierten Meßgeräte erläutern, mit denen sie hier oben neben den üblichen Wetterdaten auch Luftschadstoffe, Ozongehalt, Radioaktivität und UV-Strahlung eruieren, holt einen die Gegenwart wieder ein und es wird klar: Der Sündenfall liegt längst hinter uns!

Julius Hann, der langjährige Direktor des österreichischen Wetterdiensts, hatte 1879 bei der zweiten Weltkonferenz der Meteorologen in Rom in einem Vortrag erstmals von der Notwendigkeit gesprochen, in großer Höhe ein Observatorium einzurichten. Man vermute zwar, so argumentierte er, daß die physikalischen Vorgänge in höheren Luftschichten die Funktionsweise der globalen Wettermaschine entscheidend beeinflussen, könne dies aber durch keinerlei Daten belegen. Als Rojacher von dem Ansinnen las, war er sofort Feuer und Flamme. Seine Mannschaft, die Stollen und Betriebsbauten waren ständig von Schneestürmen, Lawinen und Gletschereis bedroht. Folglich war sein Interesse an einer besseren Vorhersagbarkeit des Wettergeschehens in den Bergen existentiell. Also trieb er gemeinsam mit Wilhelm Ritter von Arlt, seinem engen Berater, in Wien die nötigen Finanzmittel auf und machte sich daran, Europas höchstgelegenes Haus zu bauen.

Gegen welche Unbilden man bei der Errichtung der alten Wetterwarte zu kämpfen hatte, illustriert ein Bericht in der damaligen „Zeitschrift für Meteorologie". „Der Frühsommer 1886", konnte man da lesen, „war dem Bau auf dem Sonnblick-Gipfel äußerst ungünstig. Der Juni namentlich gehörte zu den kältesten und niederschlagreichsten Juni-Monaten der letzten Dezennien. ... Nur der außerordentlichen Energie und Tüchtigkeit Rojachers war es zu danken, daß der Bau in diesem Sommer fertiggestellt werden konnte. Man kann sich die Lage der Arbeiter auf dem Gipfel, die schutzlos den greulichen Witterungsverhältnissen eines nassen kalten Sommers ausgesetzt waren, dessen mittlere Temperatur unter dem Gefrierpunkt bleibt, kaum ... vorstellen. Es ist staunenswerth", hieß es weiter, „was dieselben unter solchen Verhältnissen, in Schnee und Sturm ohne eigentliches Obdach lagernd, noch dazu stets der Blitzgefahr ausgesetzt, geleistet haben. Was

Wer in den Nationalparkgemeinden nach Lebenszeichen altehrwürdigen Handwerks sucht, wird rasch fündig. In Rauris zum Beispiel sind, neben mehreren traditionellen Schmieden (im Bild: Rupert Stöckl), unter anderen auch eine Teppichweberin, ein Schindelmacher und ein Korbflechter aktiv.

„Der Pasterzengletscher, oder die Pasterze schlechthin, ist mit Rücksicht auf seine Größe nicht bloß das bedeutendste Eisgebilde der Tauerngruppe, sondern er nimmt selbst unter den Gletschern der östlichen Alpen, und sogar unter den Gletschern des Welttheiles einen hohen Rang ein." Gewiß, der Eisstrom am Fuße des Glockners ist in den 150 Jahren, die seit dem Urteil des Naturforschers Karl von Sonklar vergangen sind, zweifellos geschrumpft. Beeindruckend sind seine Ausmaße – die Dicke von 220 m und die Länge von immer noch rund 10 km – allemal.

Wohin man sich zwischen Wildgerlos- und Murtal auch wendet – an allen Ecken und Enden der Täler quillt, plätschert oder tost einem das kristallklare, hundertprozentig saubere Lebenselixier entgegen. Um wirklich zu verstehen, wie kostbar dieser flüssige, sich stetig erneuernde Schatz, über den die Salzburger verfügen, schon jetzt ist, aber vor allem in Zukunft sein wird, muß man sich bloß mit den Bewohnern der Metropolen draußen im west- oder nordeuropäischen Flachland über die Qualität ihres Leitungswassers unterhalten.

Beim Anblick solch archaischer Gewerkenhäuser (im Bild: das Voglmayr-Haus) ist nur schwer vorstellbar, daß mittlerweile ein Großteil der Gebäude im Ortskern von Rauris im Winter ihre Wärme von einer biologischen Hackschnitzelheizung beziehen.

Folgende Doppelseite: der Blick vom Sonnblick-Gipfel Richtung Nordosten und: Käseschotten sowie Bündner Fleisch – zwei Spezialitäten aus der Rauchkuchl von Georg und Romana Aberger vulgo Hiasnbauer in Fürth bei Piesendorf.

war das für ein Transport aller zum Bau nöthigen Materialien über den tief mit Neuschnee bedeckten und von verrätherischen Klüften durchzogenen drei bis vier Stunden langen und 800 m ansteigenden Gletscher. Der Schneeglanz blendete die Arbeiter und schlug sie mit längerer Blindheit. Die Gesichter schwollen auf bis zur Unkenntlichkeit, und vor Aufstellung des Blitzableiters wurden einmal alle eben beschäftigten Arbeiter vom Blitze getroffen hingestreckt." Und da sich bei Frost nicht mauern ließ, mußte die Arbeit oft wochenlang unterbrochen werden. „Jetzt", mahnte das Blatt, „wo das Haus und der Thurm fertig dastehen, alles so nett und wohnlich aussieht, vergißt man leicht, was das heißen will, in einem ungünstigen Sommer auf einem 3.000 Meter hohen Berggipfel ein Haus zu bauen."

Der steinere „Thurm" ist, wie auch die urige Gaststube des alten Zittelhauses, bis heute erhalten. Ein Großteil des Observatoriums jedoch wurde Anfang der achtziger Jahre durch einen größeren, modernen Bau ersetzt. Dessen Gehäuse aus Vollmetall ermöglicht nun, inmitten der elektrisch aktiven Gebirgsatmosphäre auch sensibelste Meßgeräte zu betreiben. Und die beiden diensttuenden Wetterwarte werden in stürmischen Nächten nicht mehr durch das Knarren und Rütteln der Holzwände geweckt.

Der frühe Reichtum des Tales spiegelt sich am eindrucksvollsten in Rauris, seinem Hauptort, der einst Gaisbach hieß, wider. In dessen – neuerdings wohltuend verkehrsberuhigtem – Kern haben sich aus der einstigen Bergbauherrlichkeit (die freilich, wenn man die Arbeitsbedingungen bedenkt, so herrlich niemals gewesen sein dürfte) zahlreiche imposante Baudenkmäler erhalten: gotische Steinhäuser von palastartigen Ausmaßen, die sich die Ainkäs, Ainater, Voglmayr, Zach, und wie die großen Gewerkenfamilien des 15. und 16. Jahrhunderts alle hießen, zum Zeichen ihres Wohlstands und ihrer Macht in dem bis dahin bergbäuerlichen Marktflecken hinbauen ließen. Prunkstück dieser alpinen Feudalarchitektur, an deren Entstehung auch zugewanderte Techniker, Kaufleute und Verwaltungsbeamte gewichtigen Anteil hatten, ist das Voglmayrhaus, hinter dessen spätgotischem Kielbogenportal respektive den unverputzten, von vier wuchtigen Erkern begrenzten Außenmauern heute Gemeindeamt und Fremdenverkehrsbüro logieren.

In einem anderen, kaum minder trutzigen Gewerkenhaus am südlichen Ausgang des Ortes hat das Talmuseum seine Heimat gefunden. Dort offenbart sich die vielfältige Geschichte dieses „nur scheinbaren Endes der Welt", wie ein deutscher Schriftsteller das 30 Kilometer lange, in seinem hinteren Bereich in zwei Teile sich spaltende Hochtal kürzlich umschrieb. Von der Wohnstube mit ihrer zirbengeschnitzten Sitzbank zu Füßen des Herrgottwinkels über die originalgetreue Almküche und den lebensgroßen Hauschristus samt Votivtäfelchen und Reliquienmedaillons bis zur Schlafkammer mit ihrem verblüffend schmalen Doppelbett wird hier detailgetreu dokumentiert, wie die Altvorderen ihren bei aller Kargheit an kulturellen Hervorbringungen doch reichen Alltag lebten. Und selbstverständlich wandelt der Besucher hier auch auf den Spuren der Goldgräber, kann deren archaische Grubenlampen, Schürfeisen, Steinbohrer, Schmelzpfannen und die „Knappenrösser" genannten Schlittenbretter bewundern, auf denen sie die prall mit Erz gefüllten Ledersäcke zu Tal beförderten. Und bekommt – mit etwas Glück unter der kundigen Führung von Siegfried Niederreiter, der rührigen Seele der Sammlung – den Werdegang des heroischen Selfmademan Ignaz Rojacher von der Geburt in einer elenden Keusche bis zum allzufrühen Tod als vielgerühmter Minenbesitzer und Technikpionier veranschaulicht.

Freilich ist die alte bäuerliche Tradition in der Rauris, wie überhaupt im Pinzgau, nicht auf museale Reservate beschränkt, sondern in den Dörfern, vielen Weilern und Einzelgehöften bis zum heutigen Tage höchst lebendig. Die in Jahrhunderten gewachsenen Dienstboten-Hierarchien, die oft über vierzig Mitglieder zählten und vom „Roßknecht" und „Melcher" bis zum „Küahbua" und zur „Kuchldirn" vielstufig gegliedert waren, haben sich zwar schon bald nach dem letzten Krieg endgültig aufgelöst. Auch ihre altbewährte, weitgehende Autarkie haben diese Hofgemeinschaften, die sich nicht nur mit Brot und Butter, Käse und Fleisch, sondern auch mit Leinen und Wolle, Wachs und Holz selbst zu versorgen pflegten, im Zeitalter der Motorisierung, der Kunstfaser und des Kunstdüngers natürlich längst verloren. Sehr wohl erhalten blieben in vielen Stuben und Dachkammern jedoch wahre Schätze an geschnitzten und oft bunt bemalten rustikalen Prunkmöbeln, die in der Sturm-und-Drang-Zeit der Antiquitätenhaie von diesen entweder auf wundersame Weise verschont oder ihnen von selbstbewußten Besitzern als Beute schlicht verweigert wurden. Solch gesundem Sinn für ästhetische Kontinuität begegnet man übrigens auch in der örtlichen Gastronomie. Wobei man gar nicht bis zum Rauriser Tauernhaus ans Ende des Seidlwinkltals pilgern muß, obwohl dieser über 500 Jahre alte Holzbau natürlich ein ganz besonders uriges Einkehrerlebnis vermittelt. Es genügt schon, ein Stück talauswärts, dem Schütthof einen Besuch abzustatten – jenem bereits im 15. Jahrhundert den Säumern als Umlade- und Raststation dienenden Gasthaus, dessen Eingangshalle jedem Aristokratensitz zur Ehre gereichte, und in dessen Stube man vor dem Hintergrund üppiger

Wandmalereien aus der Renaissance und eines prächtig geschnitzten Rokokokastens speist. Oder dem an der Gabelung zweier Saumwege gelegenen Andrelwirt, dessen Fassade nach wie vor das historische Fresko einer Händlerkarawane ziert. Oder im Gasthof Grimming, beim Bräuwirt, in Bucheben beim Kirchenwirt …

Was all diese urgemütlichen Gastzimmer mit ihrem immer noch leise duftenden Zirben- oder Lärchengetäfel, den von Abertausenden Lederhosen blankpolierten Bänken und den Balkendecken noch reizvoller macht, ist die Tatsache, daß man in ihnen nicht nur die passende Nahrung wie Kasnocken, Fleischkrapfen oder Zwetschkenpofesen (für Nicht-Pinzgauer: das sind mit Pflaumenmus bestrichene und in Fett herausgebackene Weißbrotscheiben) serviert bekommt, sondern, zumindest während einiger Tage im Vorfrühling, auch hochkarätige Literatur. 1971 hatte der Salzburger Journalist Erwin Gimmelsberger die Idee geboren, hier in Rauris, fernab jeglichen urbanen Kulturgetriebes, Literaturtage zu veranstalten. Schon im ersten Jahr gaben sich Gabriele Wohmann, Ilse Aichinger und Thomas Bernhard die Ehre. Und seit damals haben, jeweils Ende März, Anfang April, insgesamt über 200 Schriftsteller – darunter Zelebritäten wie Hans Magnus Enzensberger, Wolfgang Hildesheimer, Uwe Johnson, Peter Handke, Adolf Muschg, Martin Walser, Christoph Ransmayr und Hilde Spiel – den Weg in das, wie Kritiker anfangs spöttelten, „literarische Niemandsland" auf sich genommen, um dem überwiegend heimischen Publikum aus ihren Werken vorzulesen und von ihren fernen Welten zu erzählen.

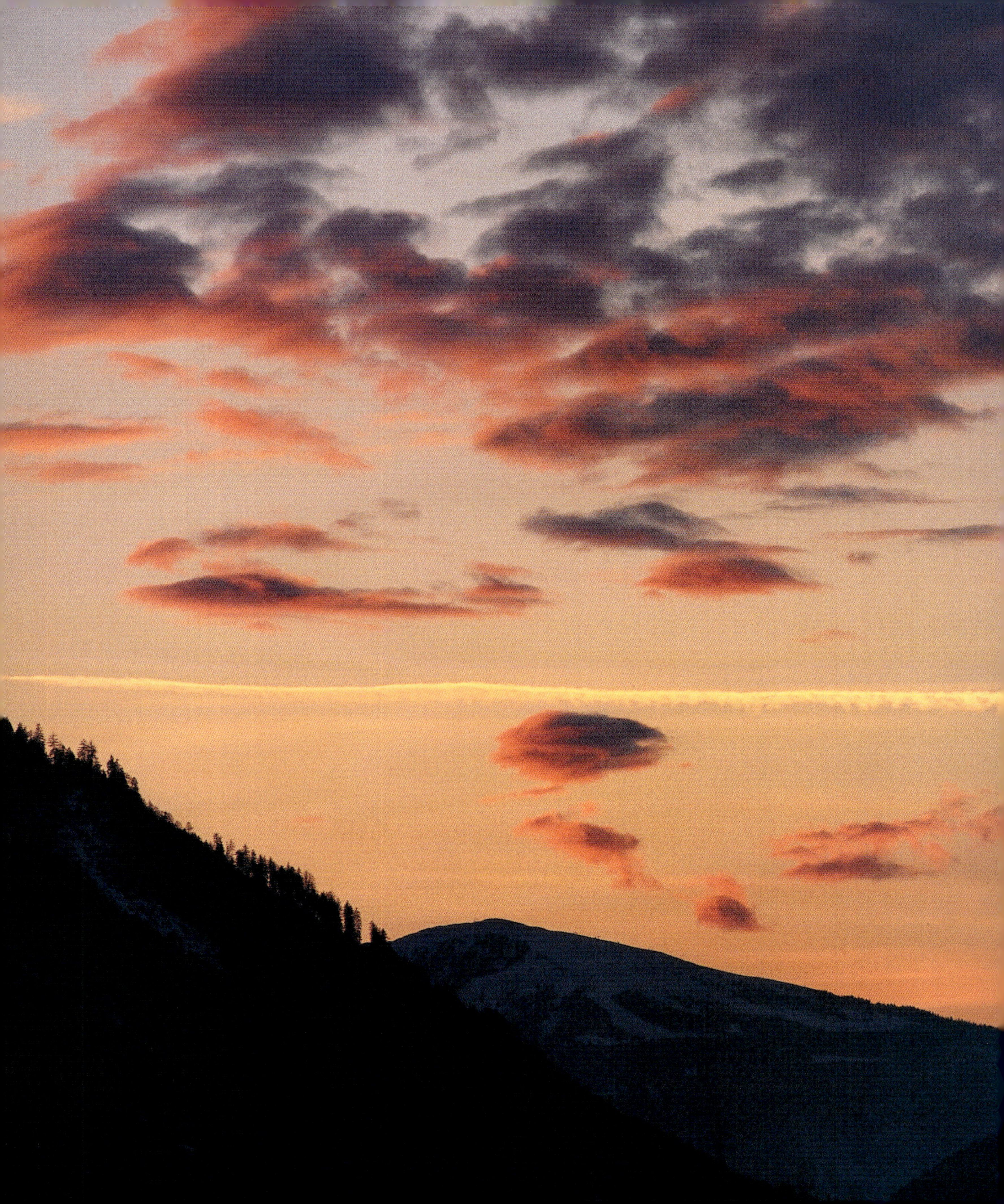

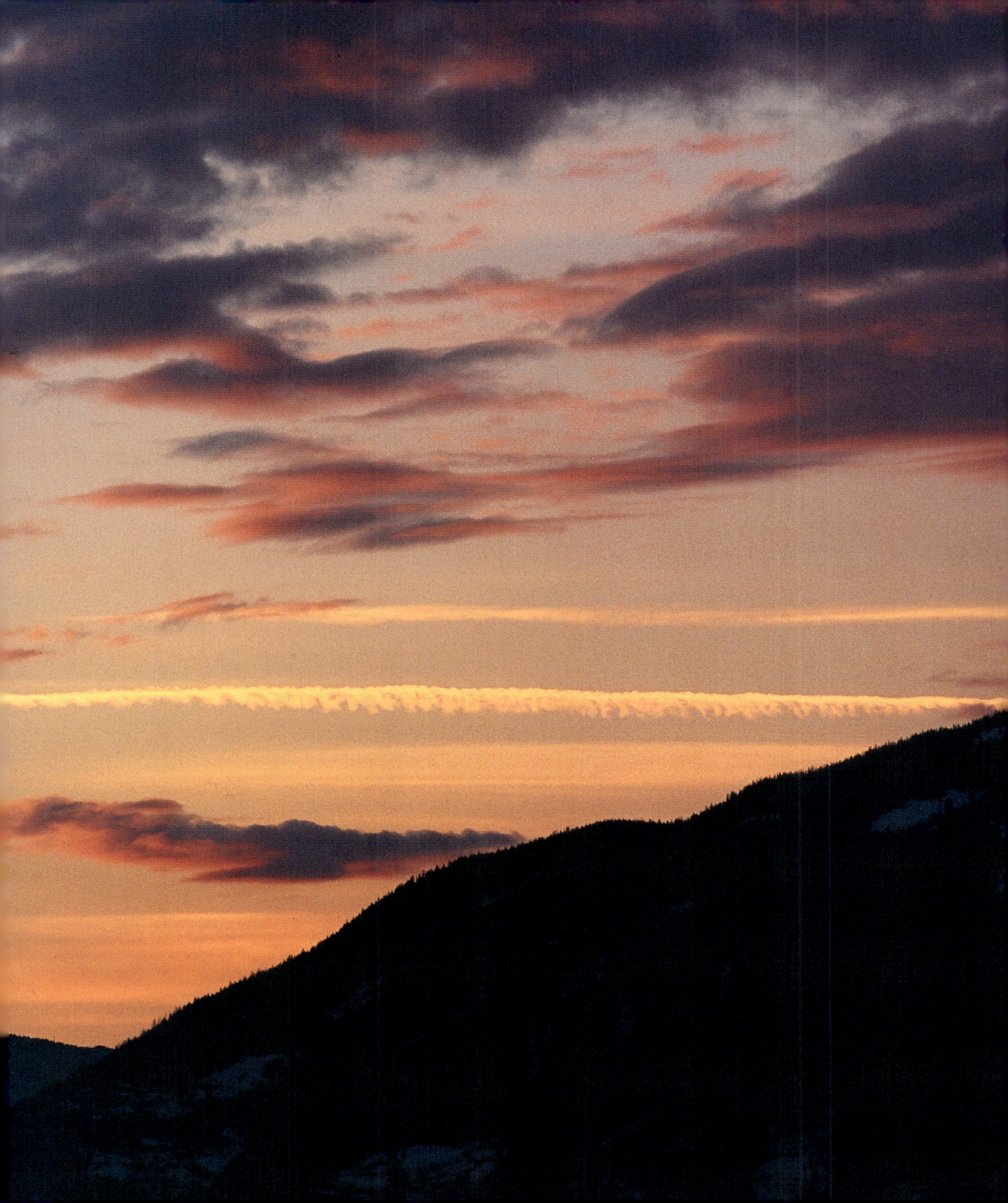

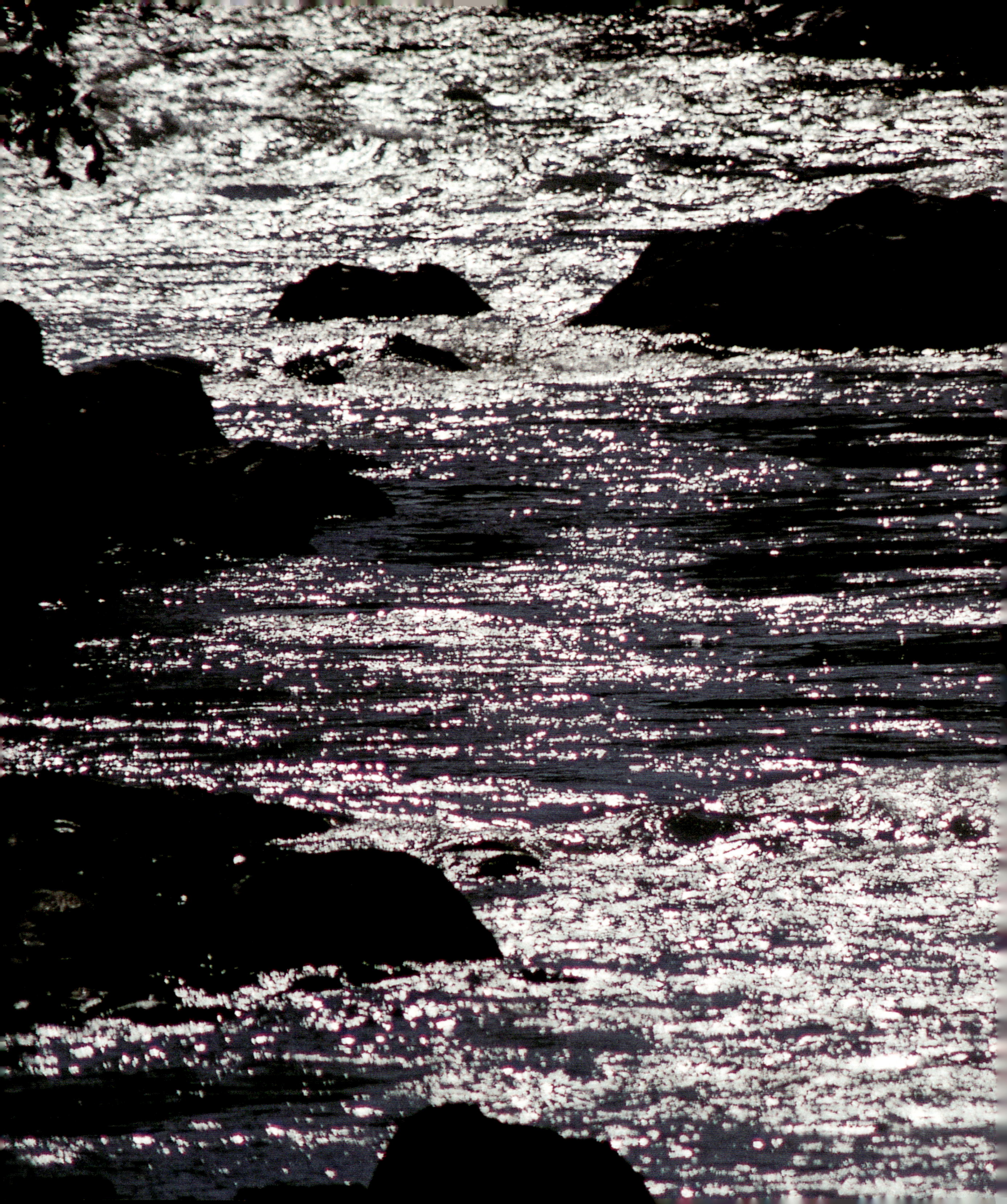

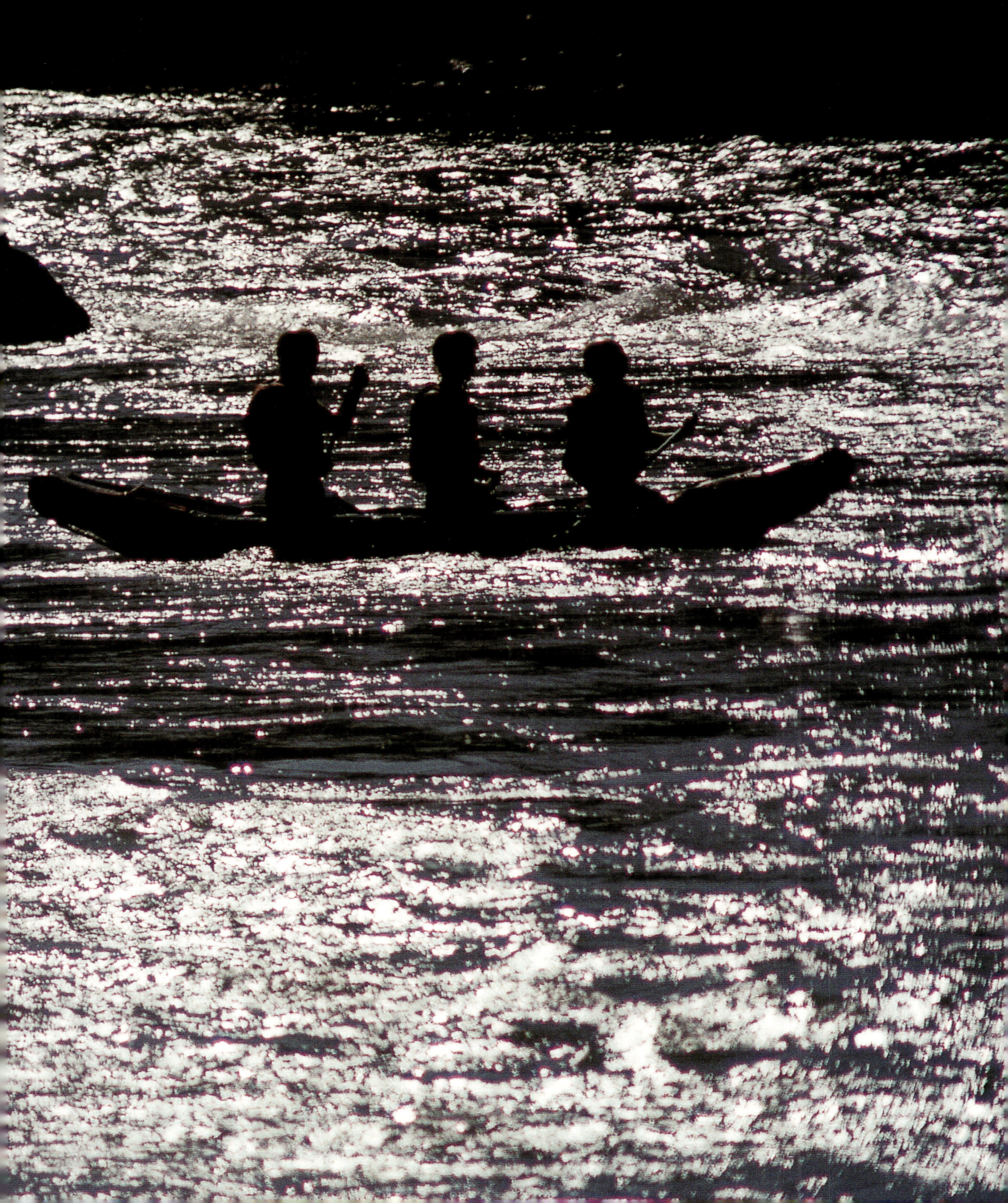

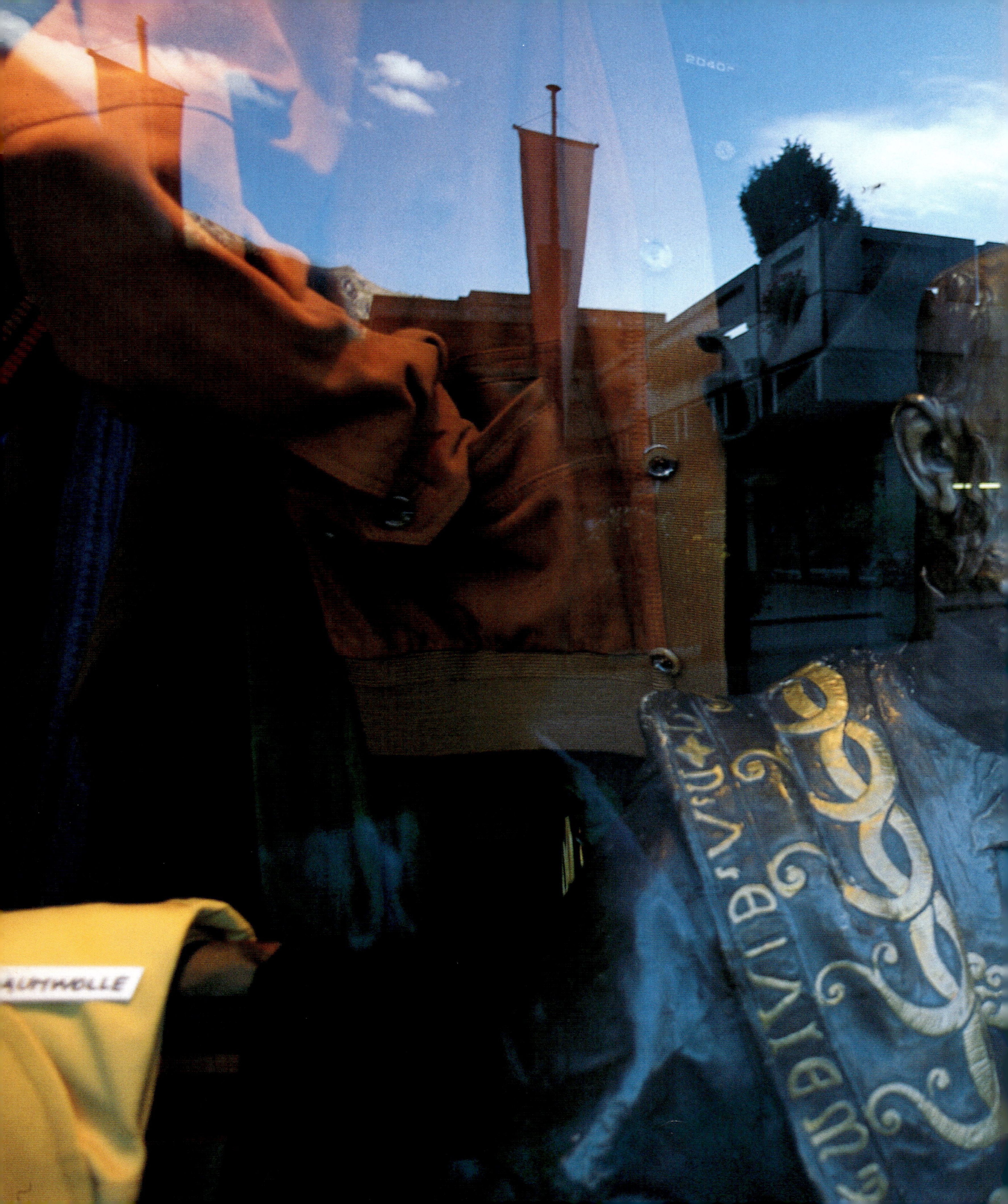

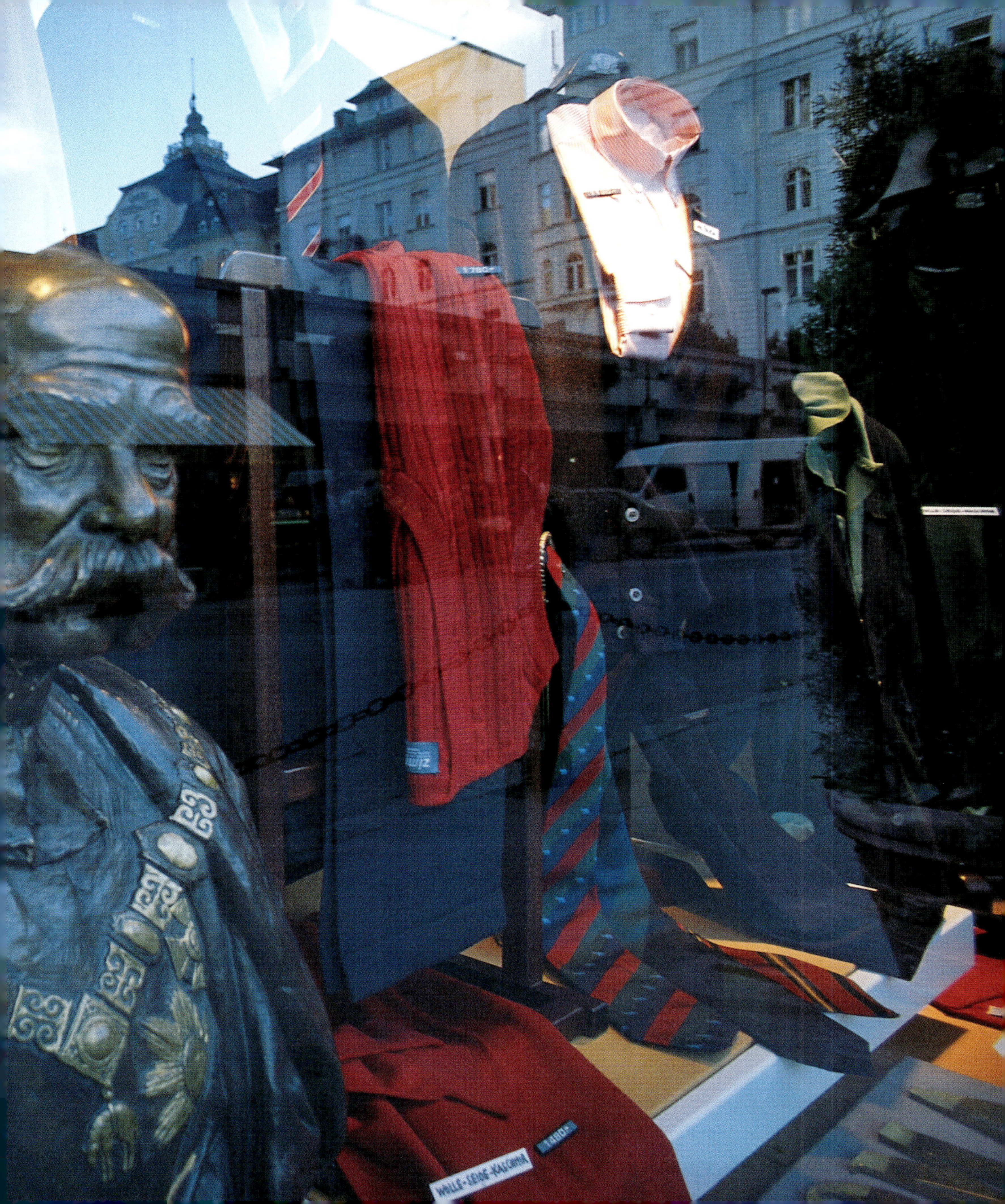

Vorhergehende Doppelseiten: Himmel über dem Salzach-Tal nahe dem Gerlos-Paß (62/63); Rafting auf der Salzach bei Lend (64/65); der Kunde als Kaiser: stilechtes Auslagendekor eines Modegeschäfts in Bad Gastein, gespiegelt zu sehen: das Grand Hôtel (66/67).

In Bad Gastein liegt über allem Mondänen ein Hauch von Melancholie. Und die Erinnerung an jene Zeit, als in den noblen Herbergen noch echte Kaiser oder zumindest preußische Ministerpräsidenten logierten.

High-Life im Hochgebirge

Das Gasteiner Tal

Märchenhafte Orte bedürfen offenbar märchenhafter Gründungsgeschichten: Irgendwann im frühen Mittelalter sei, so geben die Gasteiner gerne zum besten, ein ehrwürdiger Ritter von Goldegg auf der Jagd bis herauf in das entlegene Hochtal gelangt. Nachdem er in der zu dieser Zeit noch unerschlossenen Wildnis einen Hirsch verfolgt und schließlich mit einem Pfeil auch getroffen habe, sei ihm das kräftige Tier doch noch ins Dickicht entwischt. Stunden später sei der Ritter – bei der Suche nach seiner Beute – auf zwei Einsiedlermönche, Primus und Felizian mit Namen, gestoßen, die das waidwunde Tier soeben an einer dampfenden Quelle umsorgten. Das heiße Wasser, so erklärten die weisen Eremiten dem verblüfften Jäger, lindere nicht nur Schmerzen, es helfe auch zu heilen. Die Auffindung des flüssigen Schatzes sprach sich rasch herum, „und schon bald pilgerten Kranke von nah und fern zu dem wundersamen Ort, um von ihren Leiden zu genesen".

So erbaulich sich diese Anekdote auch lesen mag, so eindeutig entbehrt sie freilich – auch wenn ihre Richtigkeit durch die Wahl von Primus und Felicianus als Patrone der örtlichen Pfarrkirche noch so eindringlich beschworen werden soll – aller faktischen Grundlagen. Denn abgesehen davon, daß die beiden Heiligen schon im 4. Jahrhundert auf Geheiß Kaiser Diokletians in Rom als Märtyrer enthauptet wurden und später nur stückweise, als Reliquien, ihren Weg über die Alpen in die Stadt Salzburg fanden: Es steht fest, daß bereits die Römer nach der Besetzung Noricums die heißen Quellen kennen- und schätzenlernten. Schließlich hat man nicht nur auf dem Korntauern wie auch dem Mallnitzer Tauern Reste befestigter Römerstraßen ausfindig gemacht – was immerhin beweist, daß beide Pässe schon damals kontinuierlich begangen wurden. Man entdeckte unter anderem auch, verborgen im Erdreich nahe der Grabenbäckerquelle, einen antiken Schreibgriffel und, in einer alten Holzverpfählung der Elisabethquelle, eine Bronzemünze mit Kaiser Trajans Konterfei.

Ein wirklicher Badebetrieb entwickelte sich jedoch erst viel später, und zwar im Laufe des 12. und 13. Jahrhunderts, als man, unter der Herrschaft der Grafen von Peilstein, daranging, den Talboden und die Seitentäler systematisch zu besiedeln. Kurz nach 1200 wurden die Heilquellen in einem mittelhochdeutschen Gedicht, als dessen Verfasser Neidhart von Reuenthal in Frage kommt, erstmals literarisch erwähnt. Gut ein Jahrhundert später tauchte erstmals das Symbol der Wasserkanne, das bis heute das Wappen der Gemeinde Bad Gastein ziert, auf. Und im Jahr 1404 weilte mit Abt Otto II. aus dem Benediktinerkloster St. Peter der erste namentlich überlieferte Bade- und Kurgast in Gastein. Bald suchten in dem heißen Thermalwasser, das nun schon weit über die Landesgrenzen hinaus den Ruf besonderer Heilkraft genoß, scharenweise hochnoble Aristokraten, ja sogar gekrönte Häupter Linderung und Heilung; unter ihnen Anna von Braunschweig, Herzog Sigismund von Österreich und Tirol, Herzog Siegmund von Bayern und angeblich sogar Kaiser Friedrich III., der, wie die älteste Ortschronik bezeugt, „hie in dem Pad gewesen, der an einem Pein einen offenen Schaden gehabt, ist auch geholfen worden und frisch und gesund nach Hause gekomen".

Kurz vor 1500 verfügte das ‚Wildpad' dann bereits über drei richtige Gaststätten – den ‚Grabenwirt' alias ‚Niederes Bad', die ‚Taferne am Mittereck', aus der später das noch heute bestehende ‚Hotel Straubinger' werden sollte, und das ‚Armen-Badespital', das, wie eine Gedenktafel am Nachfolgebau, dem seinerseits schon wieder abbruchreifen ‚Gasteiner Hof', bekundet, 1489 von einem wohltätigen Gewerken namens Conrad Strochner errichtet worden war. Als schließlich wenige Jahre darauf der berühmte Arzt und Naturforscher Theophrastus Bombastus von Hohenheim, besser bekannt als Paracelsus, das heiße Thermalwasser analysierte, ihm heilsame Wirkung bescheinigte und in seinem ‚Bäderbüchlein' das Adelsprädikat „Gottes eigene Composita" verlieh, kam es zu einem ersten regelrechten Boom. Doch noch mußten die Frauen und Männer, die ihre stundenlangen Kurbäder in trauter Gemeinsamkeit zu nehmen pflegten, mit primitiven Holztavernen als Unterkünften und jeweils zwei, drei angebauten Hüttchen als Badeanstalten Vorlieb nehmen.

Einen neuerlichen Aufschwung erfuhr Gastein, dessen Renommee als Heilbad inzwischen durch den Niedergang des örtlichen Goldbergbaus arg gelitten hatte, am Ende des 18. Jahrhunderts. 1791 erteilte Hieronymus Graf Colloredo, der letzte regierende Salzburger Fürsterzbischof, den Auftrag zum Bau eines Badeschlößchens, dem ersten profanen Steinbau im Ort. Nur wenig später ließ sich Erzherzog Johann, der berühmte Bruder des österreichischen Kaisers Franz und begeisterte Wahlgasteiner, am Fuß des Stubnerkogels einen Wohnsitz, das heutige Meranhaus, errichten. Daraufhin war der Aufstieg Bad Gasteins zum mondänen Kurort und Prominententreff nicht mehr zu bremsen. Während nun ein Luxushotel nach dem anderen in den Himmel wuchs, füllten sich die Gästebücher der Gemeinde, die als Zeitdokumente heute so kostbaren ‚Gasteiner Ehrenbücher', mit immer illustreren Namen: König Georgios I. von Griechenland gab sich die Ehre (er pflegte im ‚Schwaigerhaus' abzusteigen), Kaiser Pedro II. von Brasilien (er logierte im ‚Moser'), Rumäniens König Carol I. (im ‚Kaiserhof'), Sachsens König Georg und, nicht zu vergessen, König Leopold II. von Belgien. Er ging als jener wagemutige Gast in die örtlichen Annalen ein, der 1901 als erster die Fahrt von Lend hinauf nach Gastein im

Urbanes und rurales Ambiente liegen im Gasteiner Tal dichter beieinander als anderswo: lupenreiner Biedermeier-Stil in der Villa Solitude in Bad Gastein (oben); gegenüberliegende Seite oben: das Badeschloß, dessen Bau im Jahr 1791 Erzbischof Hieronymus Graf Colloredo veranlaßte; darunter: ein typischer Heustadel am Talgrund bei Dorfgastein.

Wasser ist in den Hohen Tauern allgegenwärtig und stets ein betörend schönes Naturschauspiel – in Bad Gastein als donnernde Gischtkaskaden.

Auto unternahm. Wobei er allerdings den Beginn der Strecke, die dreißigprozentige Steigung durch die berüchtigte Klamm, die man heute bequem im wintersicheren Tunnel überwindet, nur mit Hilfe eines Pferdevorspanns bewältigte. Und ob er seiner Pionierleistung richtig froh wurde, ist wohlweislich nicht überliefert: Am Ziel angekommen, mußte er sich damit abfinden, daß dort lediglich die Franz-Joseph-Straße für den motorisierten Verkehr freigegeben war, und Automobilisten die gesamte Strecke vom Mozartplatz bis zum Bahnhof hinter dem vorneweg marschierenden Gemeindegendarm dreinzockeln mußten.

Die sogenannte ‚Kaiserzeit' begann für Gastein 1863, als sich der König von Preußen und spätere deutsche Kaiser Wilhelm I. das allererste Mal in das Ehrenbuch einschrieb. Er sollte für lange Jahre jeden Sommer wiederkehren, hier regelmäßig seinen österreichischen Amtskollegen Franz Joseph treffen und mit ihm sogar gelegentlich hohe Politik betreiben. Bekanntestes Ergebnis dieser informellen Konferenzen, die meist unter freiem Himmel abgehalten wurden: der 1865 unterzeichnete sogenannte Gasteiner Vertrag, den die beiden in der Absicht schlossen, die Spannungen zwischen ihren Ländern zu verringern. Daß sich die publicitybewußten Herren der Kurverwaltung im klaren waren, was sie an ihrem allerdurchlauchtesten Gast aus Berlin hatten, zeigt ihre Reaktion auf seinen Tod: Als Wilhelm 1888 in Berlin gestorben war, ließen sie an seiner Bahre einen Kranz aus sage und schreibe dreitausend Edelweiß niederlegen.

Bereits 1828 hatte Kaiser Franz I. verfügt, daß man das überschüssige Thermalwasser die sieben Kilometer weit ins benachbarte Hofgastein weiterleite. Die Folge war, daß in diesem Markt, dessen Blüte als Bergbaugemeinde zu dieser Zeit bereits vier Jahrhunderte zurücklag, allmählich die für einen Kurbetrieb im großen Stil notwendige Infrastruktur entstand. Doch dem weiteren Wachstum Bad Gasteins konnte die neue, talabwärts gelegene Konkurrenz, auf die seine Bewohner nicht nur im geographischen Sinne gerne hinabschauten, wenig anhaben. Im Gegenteil: Nachdem das im Eilzugtempo gewobene Fernnetz der Wiener Staatseisenbahnen mit der ‚Kaiserin-Elisabeth-Westbahn' schon 1860 Salzburg, und mit der ‚Giselabahn' 1875 Zell am See erreicht hatte,

Und wieder Wasser – zauberhaft in Form mikroskopisch kleiner Tröpfchen.
Folgende Doppelseite: Seit Jahrhunderten wird in den Tälern der Salzach und Saalach das berühmte Pinzgauer Rind gezüchtet. Mittlerweile begegnet man dem kastanienbraunen, großflächig mit weißen Flecken gezeichneten Tieren freilich auf Weiden und in Ställen auf allen fünf Kontinenten. Im Bild: eine Miniatur-Herde in der Nähe von Dorfgastein.

was die Anreise nach Gastein erheblich erleichterte, drang der Schienenstrang im Jahr 1905 direkt bis in den Kurort, und 1909 schließlich über ihn hinaus durch den Tauerntunnel bis ins Kärntnerische vor. Dadurch verlor zwar der Kurtourismus einiges von seinem feudalen Charakter. Dafür brachte der stetig anschwellende Besucherstrom zunehmend Angehörige des gehobenen Bürgertums – Freiberufler und Rentiers, Offiziere und hohe Beamte – ins Tal. Und auch die Zahl an kurenden Künstlern wuchs zusehends: Auf Gesundheit und Inspiration hofften unter anderem Wilhelm von Humboldt, Theodor Fontane, Arthur Schopenhauer, Peter Rosegger, Friedrich Gerstäcker, Hermann Bahr, Nikolaj Gogol, Ludwig Ganghofer und Franz Schubert, dessen ‚Gasteiner Symphonie' angeblich irgendwie mit seinem Aufenthalt im Jahre 1825 zusammenhängt; aber auch Thomas Mann, Erich Maria Remarque, Sir Arthur Conan Doyle, William Somerset Maugham und, gut hundert Jahre vor diesen, Franz Grillparzer, an dessen wiederholte Aufenthalte heute noch eine Gedenktafel neben dem Hotel Straubinger erinnert, und der sein oft zitiertes Gedicht „Abschied von Gastein" mit jenen Versen beginnen ließ, die seither jedem örtlichen Fremdenverkehrs-Obmann gleichsam auf der Zunge zergehen:

„Die Trennungsstunde schlägt und ich muß scheiden,
So leb' denn wohl, mein liebliches Gastein!
Du Trösterin so mancher bittern Leiden
Auch meine Leiden wiegtest du mir ein.
Was Gott mir gab, worum sie mich beneiden,
Und was der Quell doch ist von meiner Pein,
Der Qualen Grund, von wenigen ermessen,
Du ließest mich's auf kurze Zeit vergessen."

„Mit berühmten Curorten", stand in der ‚Leipziger Illustrierten' vom Juli 1881 zu lesen, „ist es wie mit berühmten Frauenschönheiten. Während Tausende für sie schwärmen, gibt es wieder andere, welche den Enthusiasmus nicht begreifen, ihn jedoch mit Leidenschaft für ein anderes Object ihrer Verehrung in Anspruch nehmen wollen … Der vielfach erhobene Streit daher, welcher Curort vor einem anderen von gleicher oder nahe verwandter Qualität den Vorzug verdient, wird immer ein müßiger bleiben; eine Thatsache aber ist es: Gastein gehört zu den beliebtesten, gesuchtesten und renommirtesten Bä-

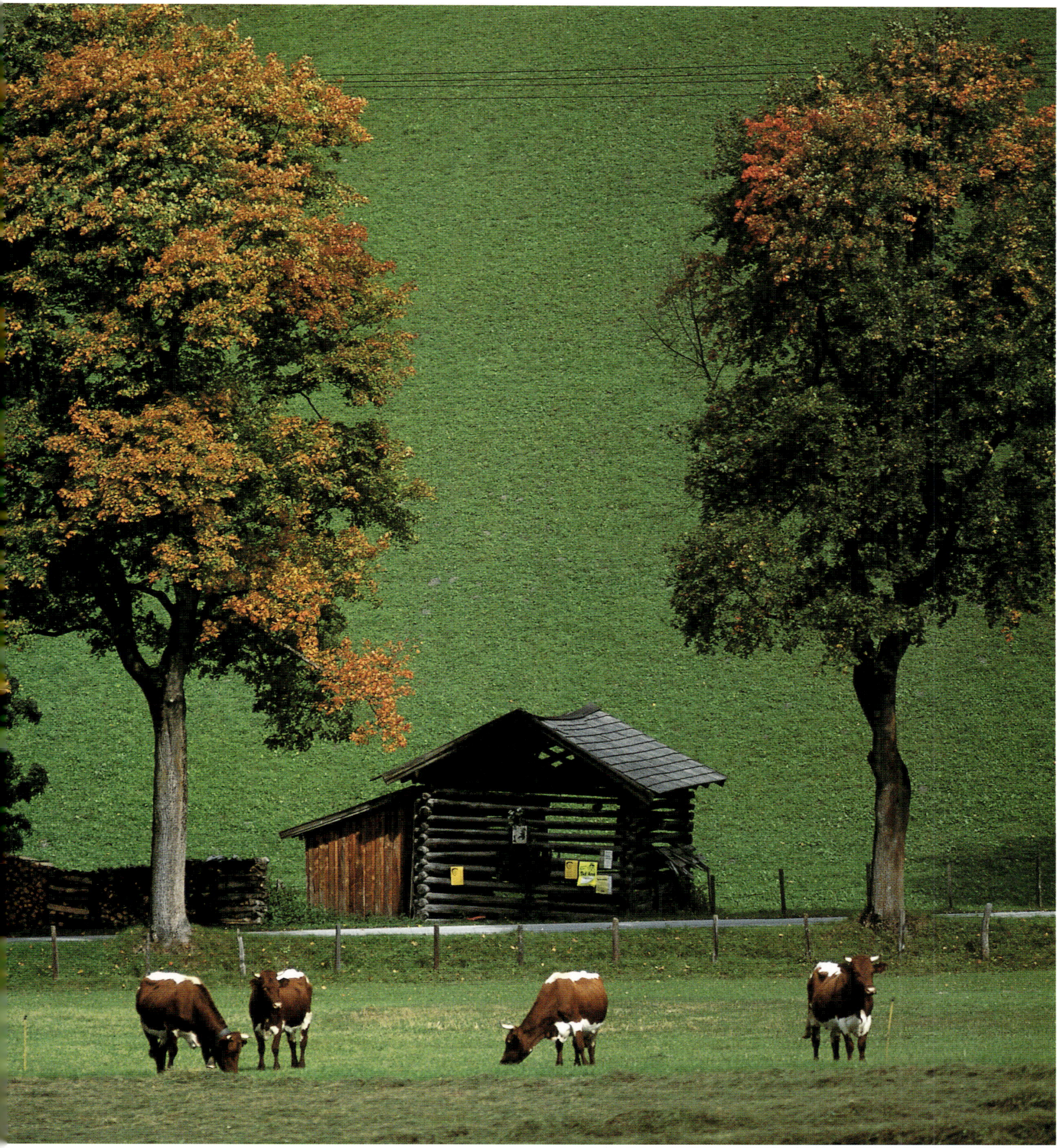

Zu den angenehmen Seiten des Schützendaseins zählt ohne Zweifel auch das obligate gesellige Beisammensein. Zu dieser Gelegenheit holt jeder Mann nach alter Sitte seine zünftige Montur aus dem Schrank. Was sie auszeichnet? Unter anderem der – möglichst buschige – Gamsbart und die Krachlederne, deren Vorderteil und Träger kunstvoll mit Kaurimuscheln und Federkiel-Stickereien dekoriert zu sein hat.

Der Schindelmacher Peter Wimberger aus Bucheben im Raurisertal bei der Arbeit. Seit es im Nationalparkgebiet wieder zum guten Ton gehört, alte Höfe, Heustadeln und Almhütten mit hölzernen Legschindeln zu decken, erlebt sein Gewerbe – in bescheidenem Maße – eine neue Blüte.

Die Hotellerie hat sich auf die verschiedenen Geschmäcker der Gäste längst eingestellt. Die „Fürnehmen" oder zumindest Betuchten nehmen in den Vier- und Fünf-Stern-Palästen der Hoteldruse Bad Gastein Quartier. Oben am Berg – wie hier auf der Strohlehenalm oberhalb von Dorfgastein – sind die Unterbringungsmöglichkeiten bescheidener (wenn auch nicht unbedingt von geringerem Reiz).

dern der Welt …" Bis zu einem gewissen Grad spaltet Gastein tatsächlich noch heute die Geister. Manch einer mag die Straßenschluchten dieses gründerzeitlichen Miniatur-Manhattans – insbesondere wenn sie sich, was in dem engen Talschluß nicht eben selten vorkommt, von Regenwolken verhangen präsentieren – als reichlich düster empfinden. Andere wiederum schätzen gerade bei Schlechtwetter ihre unvergleichliche Melancholie. Manche erachten die schönbrunngelbe Grundtönung des Ortes und seine sorgsam konservierte Kaiser-Königlichkeit als anachronistischen Kitsch, andere begrüßen gerade das als behaglichen Ankerplatz im Strom der immer rascher wechselnden Stile und Moden. Und während die einen diese Hoteldruse, wie sie sich auf steilem Gelände selbstbewußt den übermächtigen Gipfeln des An-, Kreuz-, Grau- und Stubnerkogels entgegenreckt, inmitten der hochalpinen Natur als fehl am Platz ansehen mögen, meinen andere, gerade diese Urbanität nehme dem engen Korsett aus grauen Felsflanken auf wohltuende Weise seine Bedrohlichkeit. Wie auch immer: eine Million Nächtigungen pro Jahr (im ganzen Tal zählt man rund zweieinhalb) sprechen, was die Faszination des Ortes betrifft, für sich. Und es ist wohl kein Zufall, daß die Besucherstatistiken nach wie vor sowohl einen überdurchschnittlich hohen Anteil an Stammgästen als auch eine besonders kosmopolitische Mischung aufweisen, enthalten sie doch abseits der in der Region üblichen Traditionsgäste aus dem Inland und Deutschland auch viele Besucher zum Beispiel aus Italien, Rußland und den USA.

Was Bad Gastein bis heute seine singuläre Stellung verleiht, ist die hier ständig aufs neue stattfindende Synthese aus originär Alpenländischem und Großstädtisch-(Post-)Imperialem. Aus Gamsbart und Stehkragen, Loden und Flanell, aus, wenn man so will, in dunklen Klüften verborgenen, ungeschliffenen Bergkristallen und im Scheinwerferlicht ungeniert funkelnden Brillanten. Diese reizvolle Gegensätzlichkeit wird beim Spaziergang durch die Stadt offenkundig. Da donnert die Ache mit unverhohlener Urgewalt als in Gischtnebel oder Eiskaskaden gehüllter Wasserfall über drei Stufen und insgesamt 340 Meter in die Tiefe, und wenige Schritte entfernt präsentieren die Edeljuweliere und Couturiers

Die neugotische Pfarrkirche von Bad Gastein mit ihrem unverkennbar spitzen Turm. Sie ist den Heiligen Primus und Felizian geweiht, jenen sagenhaften Eremitenmönchen, die, so will es zumindest die Legende, im siebten Jahrhundert die örtlichen Heilquellen entdeckten.

Folgende Doppelseite: Das Gasteiner Tal und, über der Wolkendecke in der Bildmitte, die 3.362 m hohe Hochalm-Spitze. Auf den bewaldeten, schneebedeckten Talhängen gut zu erkennen ist das Geflecht von Pisten, dessentwegen das Dreiergespann Dorf-, Bad Hof- und Bad Gastein als Eldorado für Skifahrer aller Alters- und Güteklassen gilt.

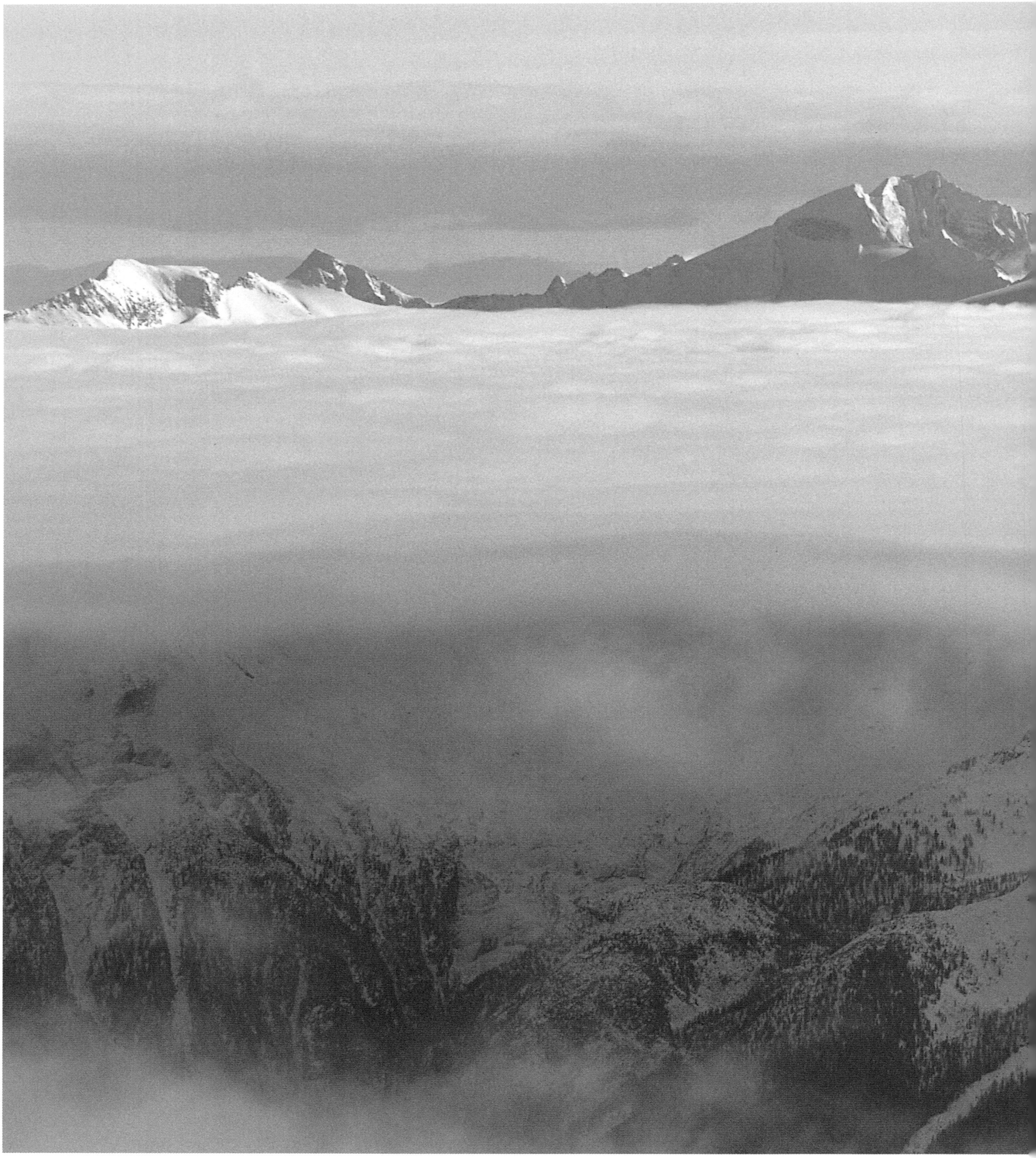

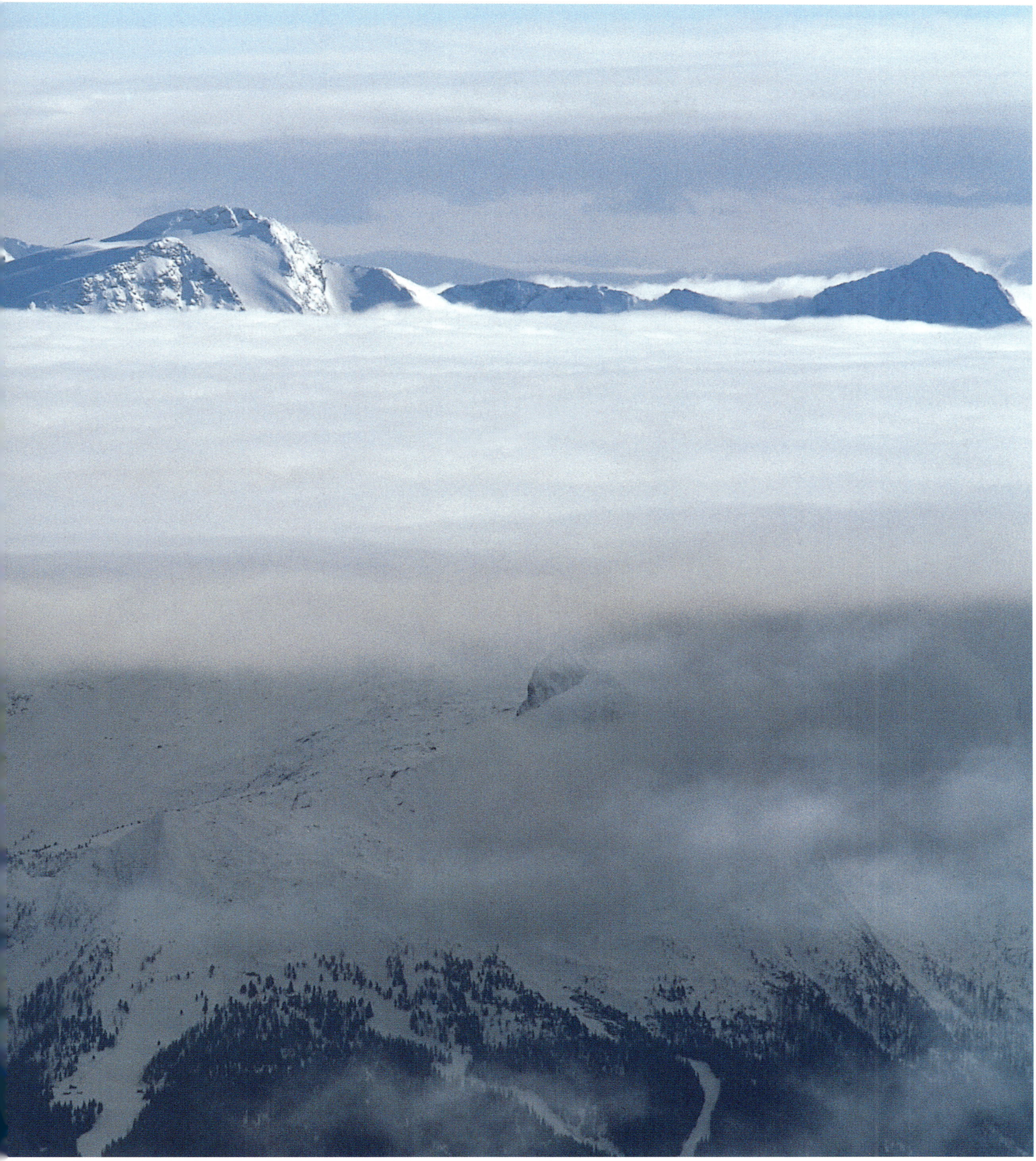

Je nach Anlaß – mal elegant, mal robust. Für die Wanderung oder Bergtour werden die genagelten, doppelt genähten Goiserer angelegt; zum Kirchgang oder Tanz hingegen die mit Edelsteinen aus dem Heimatboden besetzten Kropfschnallen und Amulette.

aus Mailand und Wien zwischen Kristallustern und Mahagoni ihre Kostbarkeiten. Da findet man beispielsweise das altehrwürdige Hotel Straubinger, in dem stets Kaiser Franz Joseph Logis nahm, in ziemlich desolatem Zustand vor, doch über dem ‚o' des Wortes ‚Hotel' am Fassadenschild prangt davon unbeeinträchtigt – mit aristokratischer Elegance à la francaise – der Accent circonflexe. Das Grand Hôtel de l'Europe beherbergt zwar zu ebener Erde ein verführerisch glitzerndes Casino, doch die darüber gelegenen Gästezimmer sind seit längerem schon gesperrt. Und während der öffentliche Lesesaal neben dem Gemeindeamt im Austria-Haus mit seinem Resopal-Ambiente eine in diesen postmodernistischen Zeiten fast schon wieder denkmalschutzwürdige, vergilbte Semi-Eleganz aus den fünfziger Jahren verströmt, wirbt draußen an der Straße das Reisebüro für Charterflüge in die Karibik.

Womit wir wieder beim warmen Wasser wären. Jenes aus den Tiefen der Erde, das seit Jahrhunderten Bad Gasteins Wohlstand speist, tritt, radonhältig und ungefähr 45 Grad heiß, in achtzehn Quellstollen zutage. An die fünf Millionen Liter sind es gegenwärtig insgesamt. Ein gutes Drittel davon zirkuliert, teils mit der ursprünglichen Temperatur, teils gekühlt, in jenem 15 Kilometer langen, unterirdischen Leitungssystem, über das die 120 Hotels, Pensionen und Kurmittelhäuser ihre Wannenbäder, Therapiebecken und Mundbadeanlagen ständig frisch füllen können. Eine Million Liter bekommt das vis-à-vis dem Bahnhof gelegene, öffentliche Felsenbad. Eine Million wird, ganz im Sinne von Kaiser Franz, nach Bad Hofgastein weitergeleitet. Der Rest fließt ungenutzt ab.

Rund die Hälfte der gesamten Schüttung liefert die Elisabethquelle. Ihr Hauptstollen ist auch für neugierige Kurgäste begehbar und durch einen langen Schacht mit dem direkt darüber erbauten Dunstbad verbunden. Dort kann wer immer will gegen Entrichtung eines Obolus die heilsamen Dämpfe genießen – auf daß, wie der einschlägige Prospekt verspricht, Rheuma und Gicht gelindert, die Tätigkeit hormonproduzierender Drüsen und die Durchblutung verbessert, die Stoffwechselprozesse in den Zellen gefördert, die Organfunktionen angeregt und, ganz allgemein, der Organismus stimuliert werden. Der Elisabethquelle zu Füßen liegt, auf steilem Gelände, der Quellpark und in dessen Mitte das alte Elektrizitätswerk. Es geht bereits auf das Jahr 1866 zurück und ermöglichte den Betrieb eines seinerzeit hochmodernen Pumpwerks, genannt „Thermalwasser-Hebemaschine". Demnächst soll es eine neue Verwendung als technisches Museum finden, das sich mit der ‚Energiewirtschaft im Alpenraum' befaßt.

Wie inspirierend das so allgegenwärtige feuchte Element auch in seelischen Belangen wirkte, illustriert – und damit geben wir zum Ausklang der kurzen balneologischen Betrachtungen erneut einem dichtenden Kurgast das Wort – jenes Resümee, das Friedrich Gerstäcker Mitte des vorigen Jahrhunderts über seinen Aufenthalt zog: „Welch ein wundervoller Fleck der Schöpfung", notierte der große Romancier und Weltreisende ganz euphorisiert in sein Tagebuch, „ist dies von riesigen Bergmassen einbegrenzte, von stürzenden Gletscherwässern durchtobte Tal ... Hier donnert die Ache viele hundert Schritt lang in einem einzigen schäumenden Katarakt ihre stürmische Bahn entlang. Während aber der ganze gärende Wasserfall dem zagenden Menschenherzen Vernichtung zu künden scheint, quellen heimlich und still, wie dem unmittelbaren Verderben entspringend, die heilkräftigen Wasser hell und warm zu Tage."

Um wieviel prosaischer faßte da Franz Grillparzer seine Gedanken über den ewigen Gasteiner hydrologischen Kreislauf in Worte. Er schrieb 1831 nach einem offenbar nicht besonders sonnigen Aufenthalt mit sanfter Ironie in das Ehrenbuch: „Gebadet und getrunken und geregnet: Gott mache so viel Wasser mir gesegnet!"

Um auf die Blütezeit Bad Gasteins zurückzukommen: Sie währte über die Belle Époque hinaus auch noch in der Zwischenkriegszeit. Erst Anfang der dreißiger Jahre verzeichnete man infolge der Tausend-Mark-Sperre einen ersten dramatischen Einbruch. Endgültig blätterte der aristokratische Glanz dann Anfang der sechziger Jahre ab, als binnen kurzem etliche Pracht-Gäste – wie etwa König Ibn Saud, der Ägypter Farouk oder allerlei indische Maharadschas wegstarben beziehungsweise weggestorben wurden und die Übriggebliebenen wie auf ein geheimes Zeichen samt Hofstaat nach Gstaad, Sankt Moritz oder Kitzbühel abwanderten. Seither

Bei Oldtimerrennen, wie hier auf der Glocknerstraße (im Hintergrund: die Edelweißspitze), werden gerne jene Zeiten heraufbeschworen, als man in der klassischen Steyr-Limousine zur Sommerfrische anreiste, und damit noch die Aufmerksamkeit der Einheimischen auf sich lenkte. Inzwischen leiden alle, ob Bauer oder blaublütiger Gast, an der Übermotorisierung, und jedermann tut gut daran, mit dem Zug beziehungsweise in die Seitentäler mit dem Shuttle-Bus anzureisen.

*Dank lawinensicherer Zufahrtsstraßen dringt der Mensch nun auch im Winter in Gegenden vor, die noch vor ein, zwei Generationen in völliger Abgeschiedenheit lagen.
Im Bild: eine eisverkrustete Wand entlang der sogenannten „Gasteiner Alpenstraße" in die Wintersportregion Sportgastein.*

Von der schon vor 3.000 Jahren besiedelten Gemeinde Uttendorf führt das Stubachtal Richtung Alpenhauptkamm. Von seinem Ende, dem Enzingerboden, bringt die Weißsee-Gletscherbahn Urlauber in wenigen Minuten hinauf zur über 2.300 m hoch am Ufer des Weißsees gelegenen Rudolfshütte. Auf halbem Weg passiert man – im Bild zu sehen – den bei Minustemperaturen im Winter natürlich seinem Namen hohnsprechenden Grünsee.

tummeln sich in den diversen Thermalbädern und auf den Skipisten des sogenannten Sportgastein, das man in den Siebzigern oben auf dem Naßfeld angelegt und mit einer lawinensicheren Straße erschlossen hat, um die Wintersaison attraktiver zu machen, mehrheitlich Gäste, für deren Aufenthalt die Sozialversicherung aufkommt. Und etliche der blaßbunten Hotelwürfel sind inzwischen von – vornehmlich bundesdeutschen – Immobilienanstalten übernommen worden, die sie nun häppchenweise als Appartements auf Time-Sharing-Basis feilbieten. Daß Bad Gastein, aus dem übrigens Deutschlands langjähriger Gourmetpapst Eckart Witzigmann stammt, dennoch bis zum heutigen Tag ein gewisses weltläufiges Flair atmet, verdankt es einerseits seinen alteingesessenen Luxusherbergen wie dem ‚Weismayr', dem ‚Elisabethpark' oder dem im romantischen Kötschachtal hinten zu einem regelrechten Hoteldorf angewachsenen ‚Grünen Baum', andrerseits einem Herrn namens Stefan Tomek. Dieser draufgängerische Tausendsassa, der Anfang der achtziger Jahre lauthals verkündete, das vor sich hin dösende Eldorado für Nostalgiker wieder zu einem quirligen, glitzernden ‚Monte Carlo der Alpen' machen zu wollen, hat zwar längst einen kapitalen Konkurs gebaut und bei den Einheimischen dementsprechend nicht den allerbesten Ruf. Doch indem er seinerzeit Häuser wie das Grand Hôtel oder die Villa Solitude, wo einst Gräfin Lehndorff für ihren geliebten Kaiser Wilhelm und dessen Anhang private Theateraufführungen organisiert hatte, auf Hochglanz renovierte und Showstars wie Peter Ustinov, Shirley Bassey, Liza Minelli und Charles Aznavour für Auftritte angelte, gab er dem Ort tatsächlich wieder ein kleines bißchen vom alten Glamour. Den Betonkoloß des Kur- und Kongreßhauses mit seinen Plexiglashauben, den sich die Gasteiner in einem Anfall masochistischer Geschmacksverwirrung Anfang der siebziger Jahre anstelle des alten Kursaals und der Wandelhalle mitten in den Ort klotzen ließen, und das nicht minder penetrante Parkhaus kann man ja geflissentlich übersehen. Oder zum Trost für ihren grausamen Anblick das Sträßchen nach Badbruck entlang bis zur Nikolauskirche wandern, um unter deren wunderschönen Sternrippengewölbe vor dem spätgotischen Wandfresko des Jüngsten Gerichts über Verdammnis, Buße und Auferstehung zu meditieren.

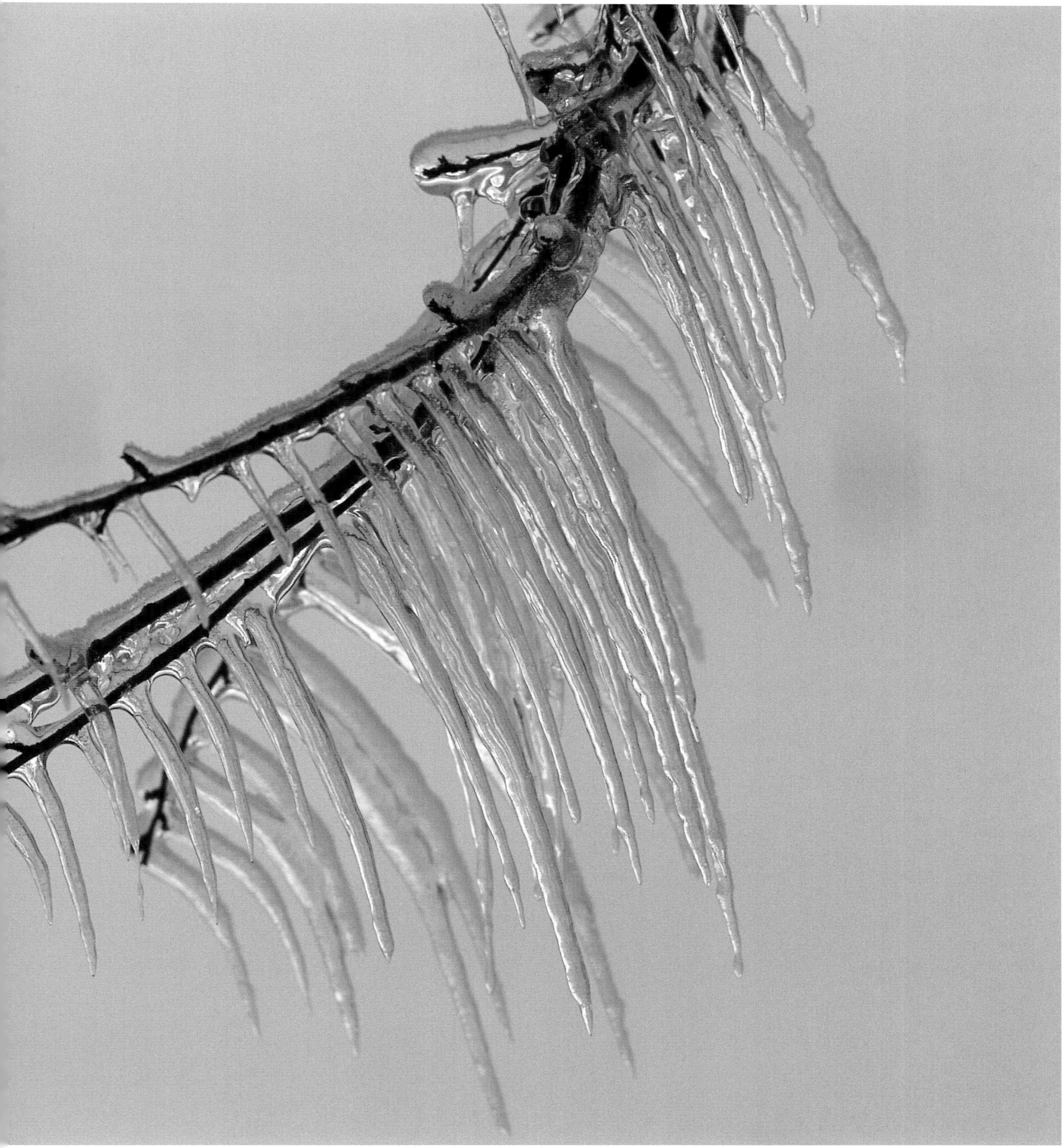

Strengen Wintern gelingt es, sogar weniger spektakuläre Landstriche wie etwa die Bahntrasse zwischen Schwarzach-St. Veit und Lend am Eingang ins Gasteiner Tal zu verzaubern. Und wer die Gabe besitzt, seine Aufmerksamkeit auch auf winzige Details zu lenken, kommt – siehe vorhergehende Doppelseite – aus dem Staunen ohnehin nicht mehr heraus.

Einen atmosphärischen Kontrapunkt setzt der talaufwärts gelegene, deutlich rustikalere Ortsteil Böckstein, in dem einst – es ist schon eine ganze Weile her – die neben dem Thermalwasser zweite Hauptquelle des Gasteiner Reichtums sprudelte. Die Geschichte des hiesigen Goldbergbaues ähnelt in vielem jener, die wir aus dem benachbarten Kolm Saigurn bereits kennen. Wie drüben, an den Flanken des Hohen Sonnblicks, so holten auch hier, auf dem Radhausberg, bereits die Kelten und Römer das Edelmetall aus dem Boden. Wie dort grassierte auch hier das Goldfieber am heftigsten zwischen 1500 und 1600. Und wie dort baute man auch hier zu Beginn des 19. Jahrhunderts in einem Akt verzweifelten Aufbäumens gegen den unvermeidlichen Niedergang bis hinauf zu den Stolleneingängen hoch über der Baumgrenze eine halsbrecherische Materialbahn.

In mancherlei Hinsicht jedoch gab es Unterschiede: Die geförderten Mengen zum Beispiel betrugen im Gasteiner Tal über die Jahrhunderte hinweg stets das Drei- bis Vierfache von jenen in der Rauris. Dementsprechend waren die hiesigen Gewerkenfamilien – etwa die Weitmoser, in deren Schlößl an der Straße bei Bad Hofgastein man heute die weit über die Grenzen des Tals hinaus berühmten ‚Indianer mit Schlag' kredenzt – entschieden reicher. Und während in Kolm Saigurn mit dem Ende Ignaz Rojachers um 1890 die Hoffnung auf einen kommerziell ernstzunehmenden Abbaubetrieb endgültig erlosch, förderten auf dem Radhausberg die Mannen der Preussag AG im Dienste der nationalsozialistischen Kriegswirtschaft noch bis Ende Mai 1944 Gold.

Auch die Baudenkmäler der montanistischen Industrie sind am Fuße des Kreuz- und des Stubnerkogels zahlreicher und besser erhalten. In Altböckstein hinten steht eine Bergbausiedlung aus der Barockzeit, komplett mit Werkmeister-, Wäscher-, Verweser- und Schulhaus, mit Krankenunterkünften und einem entzückenden, von dem Salzburger Brüderpaar Hagenauer geschaffenen Kirchlein. Das Ensemble, ein bemerkenswertes Denkmal frühen sozialen Unternehmertums, wurde gegen Mitte des 18. Jahrhunderts, nachdem die alten, weiter taleinwärts gelegenen Erzaufbereitungsanlagen von einer Riesenlawine zermalmt worden waren, erbaut und seit 1980 von einem eigens konstituierten Verein Zug um Zug liebevoll restauriert. Sein Herz ist das im Salz- und im Säumerstadel eingerichtete Museum, wo man neben einer umfassenden Dokumentation der örtlichen Montangeschichte auch eine aufwendig rekonstruierte historische Pochanlage samt Goldmühle zur Amalgamation der Edelmetalle bewundern kann.

Ein Streifzug durch die Geschichte des Gasteiner Bergbaus sollte freilich nicht zu Ende gehen, ohne auch dessen heilsame Wirkung auf den Menschen gebührend zu würdigen. Womit nicht so sehr das seelische Wohlempfinden gemeint ist, das dem Bewußtsein entspringt, buchstäblich auf einem Berg voll Goldes zu sitzen. Die Rede ist vielmehr von einem ganz besonderen Stollen, den man 1940 auf der Suche nach Gold in den Radhausberg trieb. Zwar entdeckte man damals nicht die erhoffte Erzader, dafür jedoch, daß die Luft, die einem aus dem Berginneren entgegenströmt, nicht nur eine Temperatur von über 40 Grad und eine bis zu 95prozentige Luftfeuchtigkeit, sondern auch einen extrem hohen Gehalt an Radon aufweist. Seither kommen aus ganz Europa scharenweise Patienten hierher, um sich von einem Stollenzug zwei Kilometer tief in den Berg fahren zu lassen und dort im Liegen ihr Asthma, ihre Arthrosen oder ihren Morbus Bechterew zu therapieren. Und um zu beweisen, daß an diesem beispiellosen Ort namens Gastein sogar heiße Luft von großer Bedeutung sein kann.

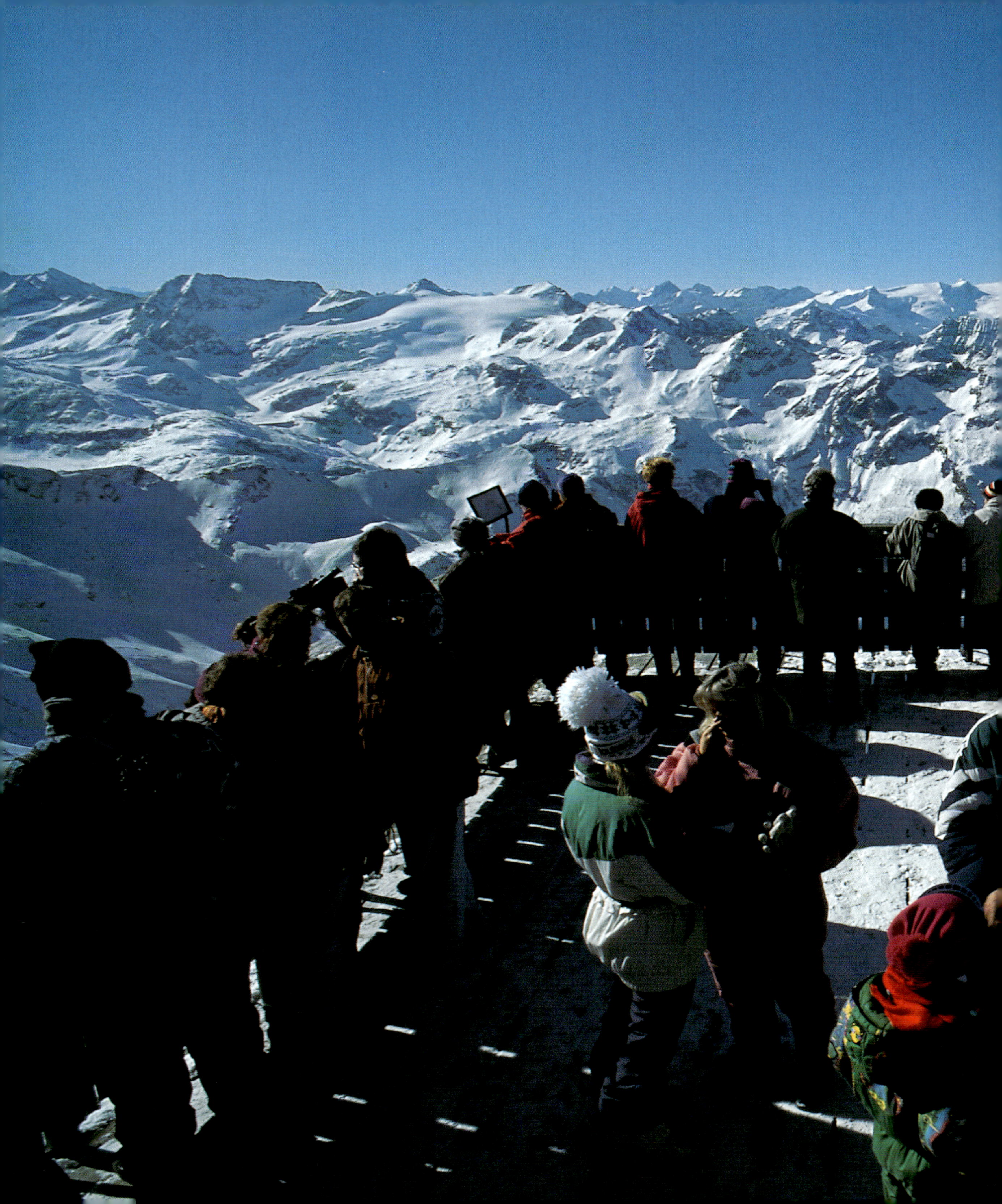

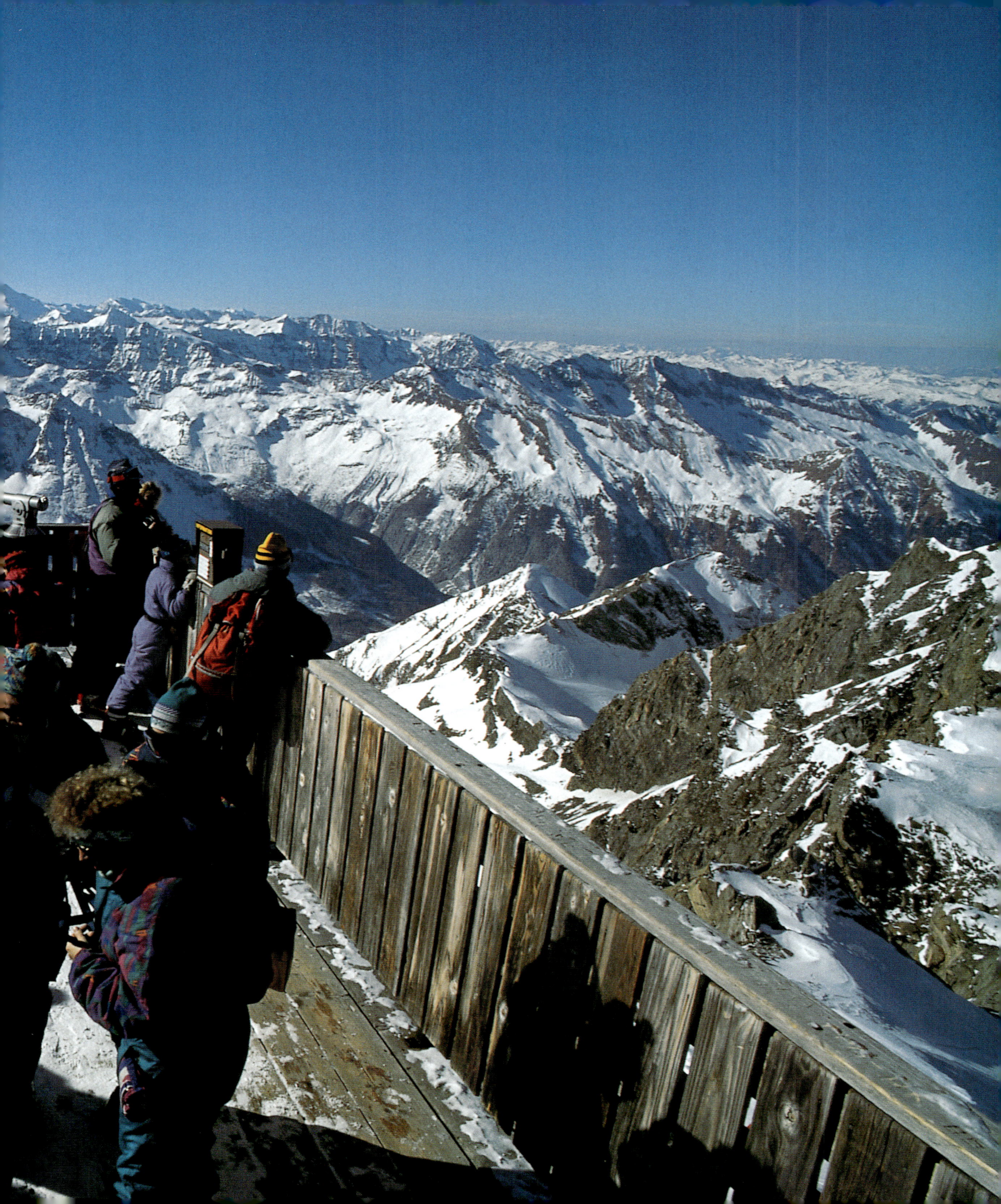

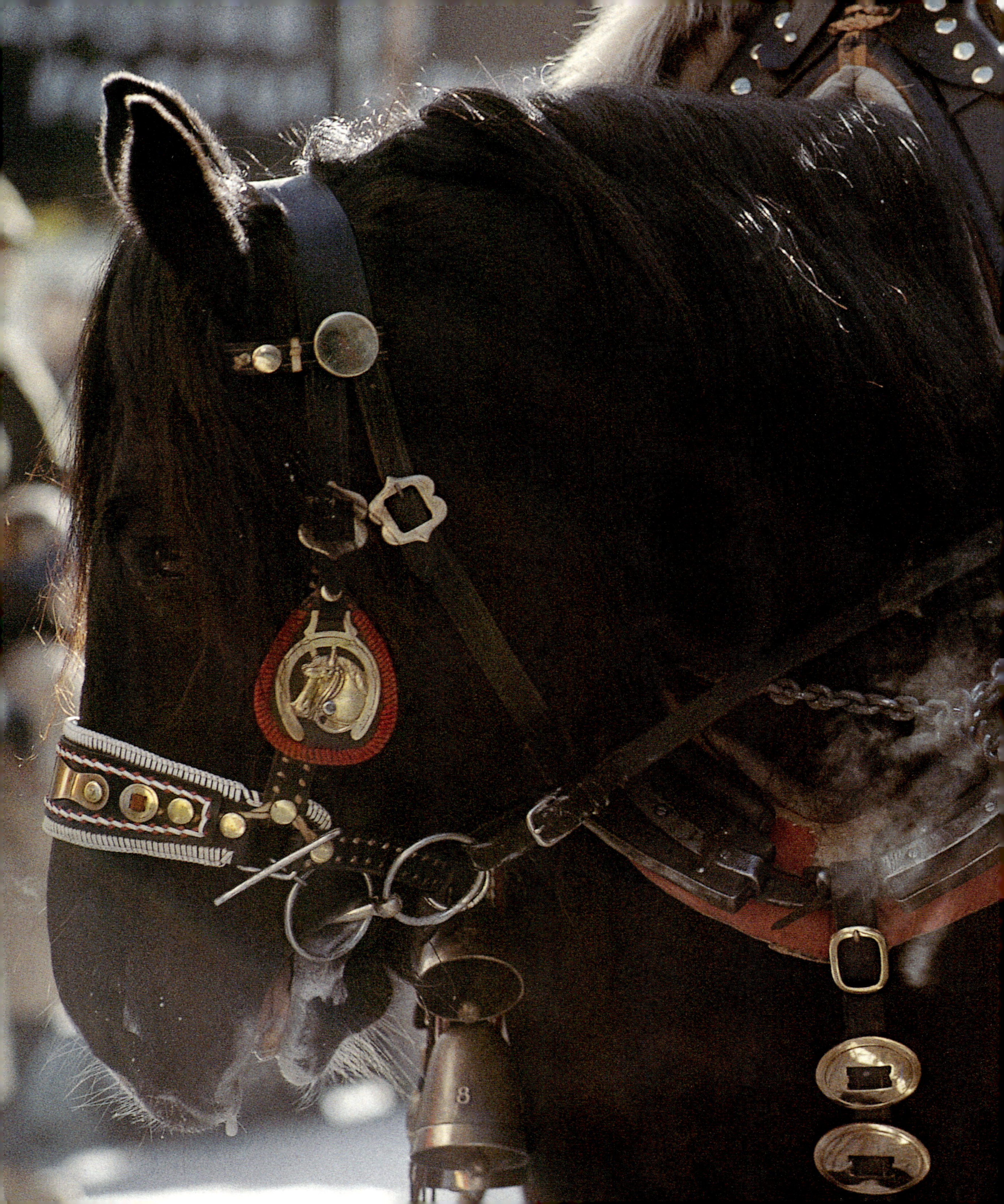

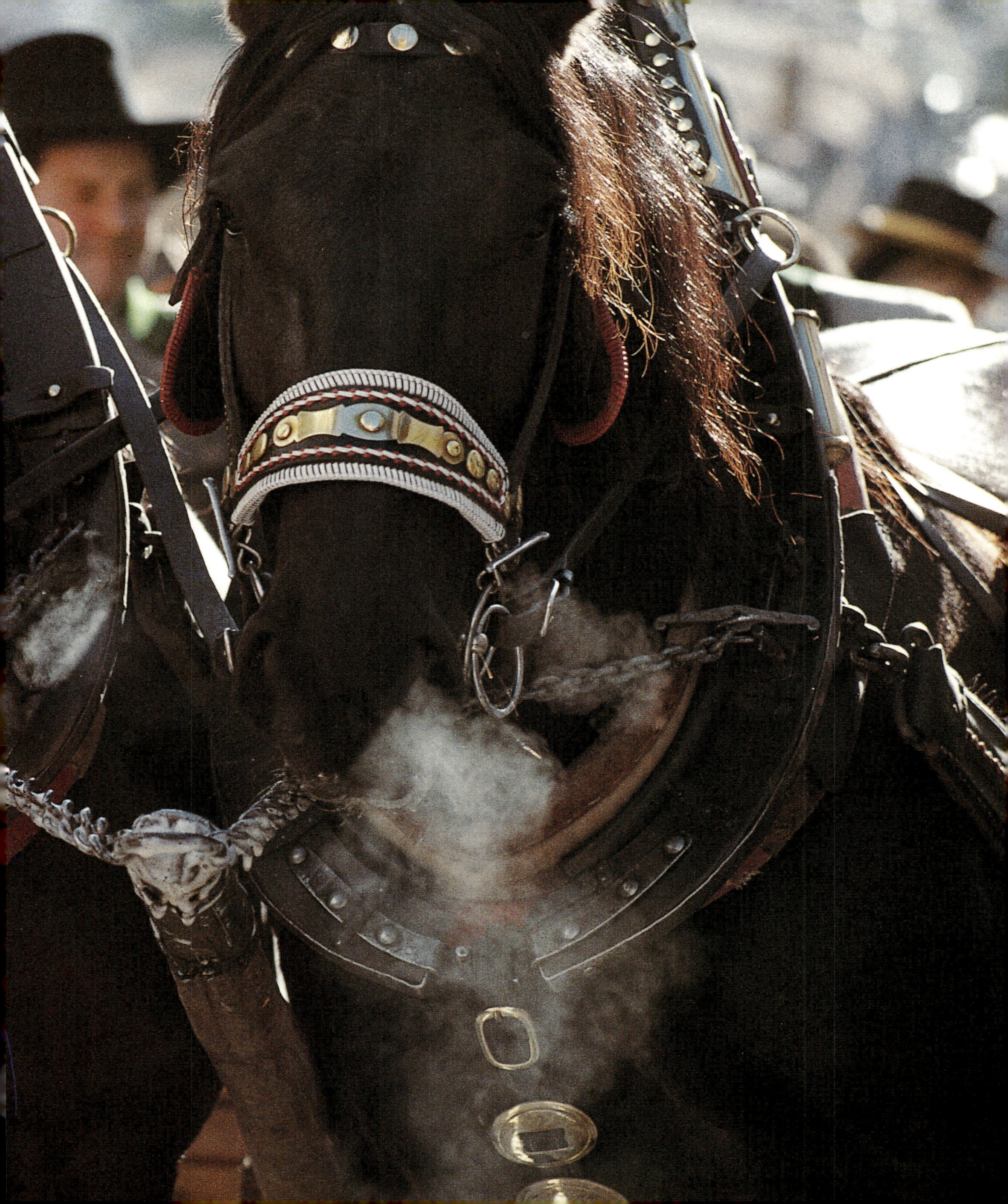

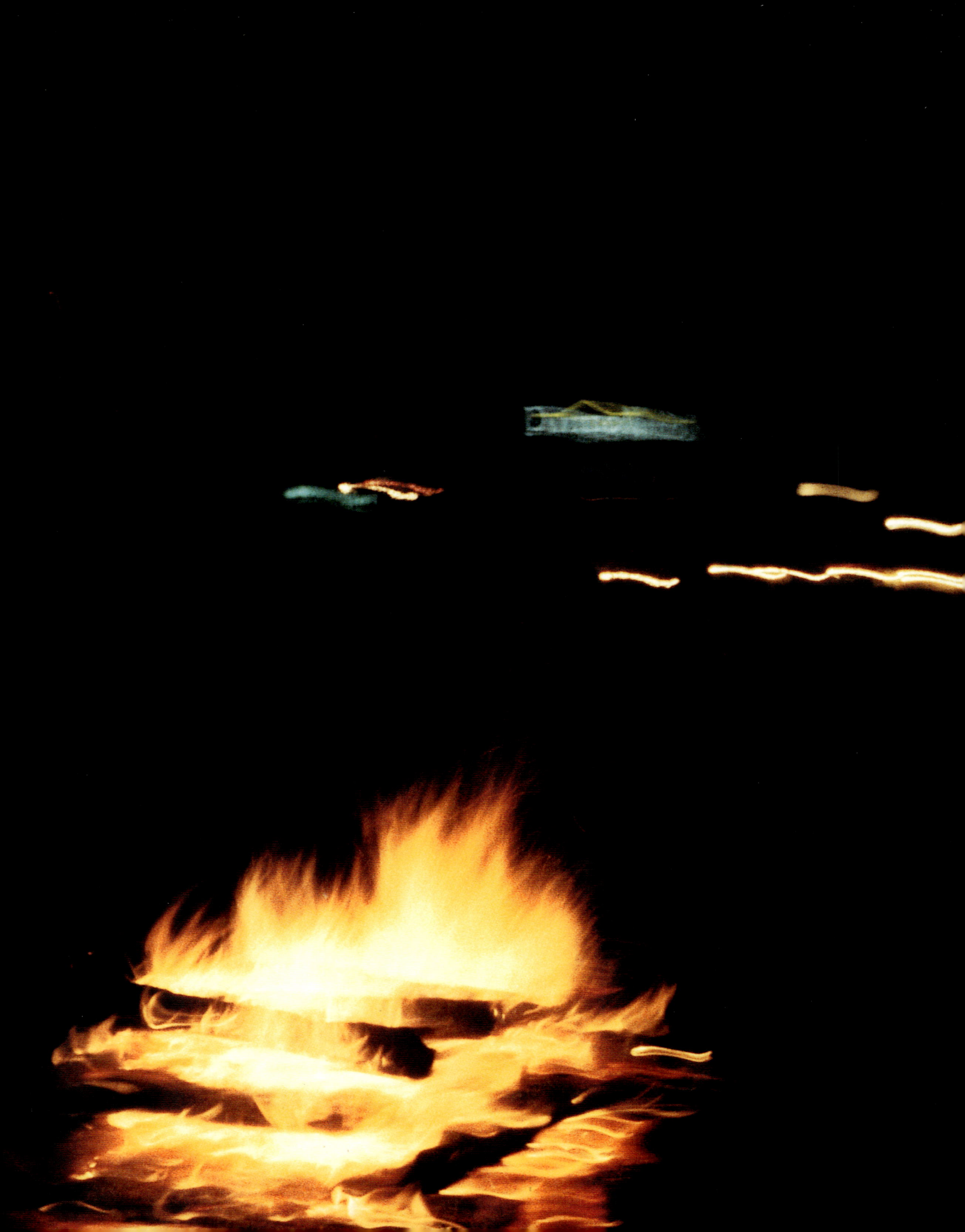

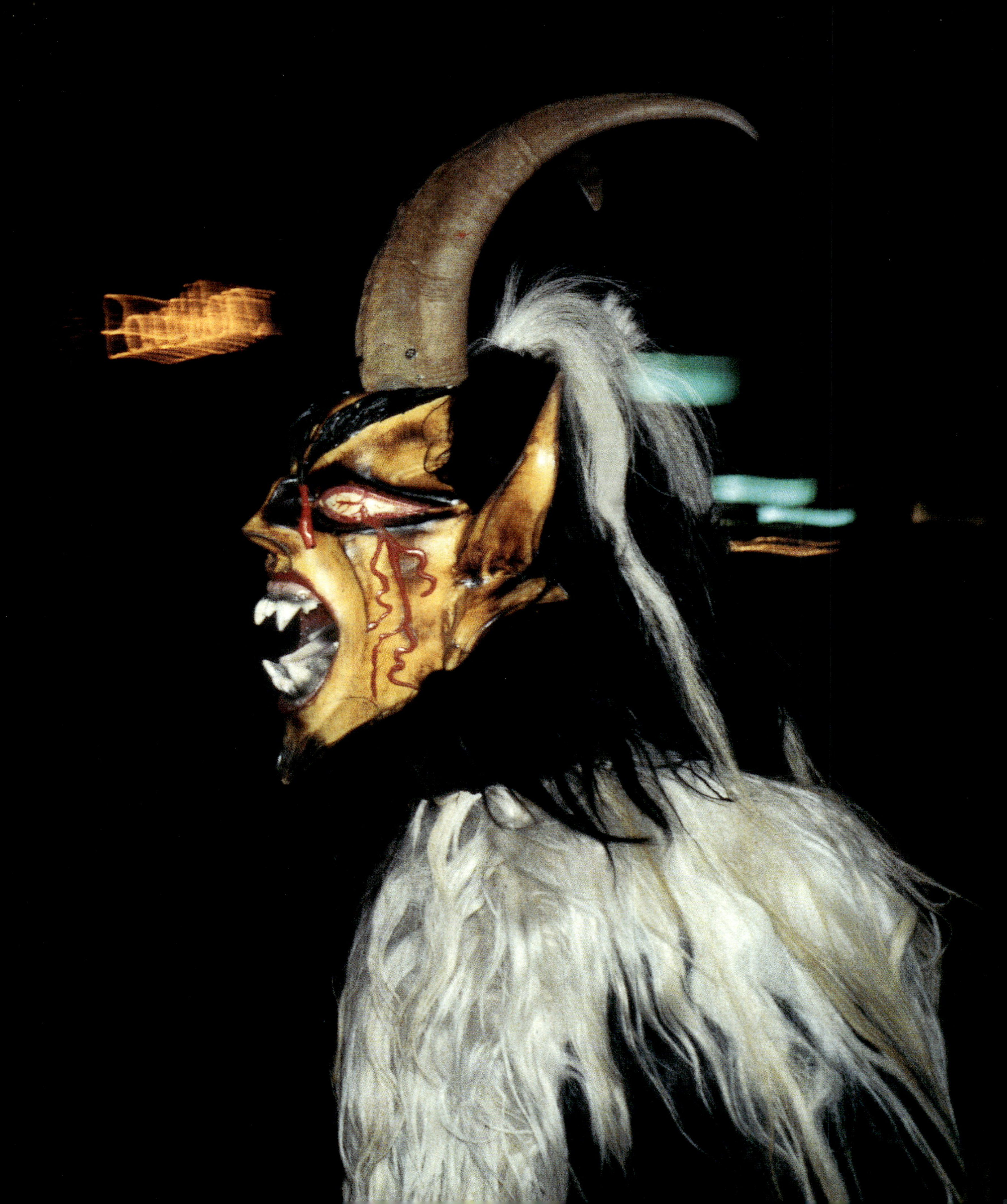

Vorhergehende Doppelseiten: Blick von der Aussichtsterrasse auf dem Kitzsteinhorn Richtung Westen; am mittleren Horizont zu sehen: der Großvenediger (90/91); Noriker-Pferde im Galageschirr bei der Schlittenausfahrt (92/93); Schiachperchte in der Rauhnacht von Kaprun (94/95).

Auch wenn unter den Bauern des Pinzgaus die traditionelle Kleidung zum Glück noch außergewöhnlich hohen Stellenwert besitzt: eine so bis ins letzte Detail stimmige Tracht, wie sie die Mittersillerin Resi Steger bisweilen anlegt, bekommt man nur noch selten zu sehen. Überrock und Schultertuch aus Wollstoff und Seide, dazu der Pinzgauer Hut mit goldbestickter Krempe und Samtbändern, Ohrringe aus Altsilber und Hirschzähnen, die Kropfkette mit einer Brosche aus Bergkristall und Granat; dazu – im Bild nicht zu sehen – Haferlschuhe und ein samtener, mit Gold und Edelsteinen bestickter Handbeutel.

Im Herzen des Pinzgaus

Zwischen Mittersill und Kaprun

„Mittersill verdanke ich mein letztes Glück. Wenn ich auch nie mehr nach Teheran zurückdarf, hier konnte ich dennoch unbeschwerte Tage verbringen. Hier sind mir Menschen begegnet, die mich nicht demütigten, sondern als Kaiserin respektierten." Die Dame, die sich Mitte der fünfziger Jahre derart lobend über die Gastfreundschaft und Hochachtung der braven Pinzgauer äußerte, war keine Geringere als Prinzessin Soraya, die Gemahlin des Schahs von Persien. Was sie und viele andere ähnlich glamouröse Gäste damals in die tiefste Salzburger Provinz gelockt hatte, war das örtliche Schloß. Denn dort hatte ein gewisser Baron Hubert von Prantz gemeinsam mit einem Prinzen Lobkowicz und einem Grafen Czernin schon 1934 einen Ableger des „Internationalen Sport- und Shooting Club" ins Leben gerufen. Ihre Hoffnung, es würde daraus ein Refugium der Reichen und Schönen dieser Welt, erfüllte sich sofort. Noch vor 1938 – und vermehrt dann nach dem Krieg – tummelten sich im Salon, auf der Sonnenterrasse, auf dem Tenniscourt, dem Golfgreen und im Winter auch im Zielraum der Kürsinger-Schanze am nahen Müllner Bühel (wo Bubi Bradl gerade wieder zu einem neuerlichen Weitenrekord abhob) die Lieblinge der internationalen Regenbogenpresse. Der Herzog von Windsor war da, Prinz Aga Khan, Henry Ford, Baron Rothschild, Aristoteles Onassis, Juliane und Bernhard aus den Niederlanden, der ägyptische König Farouk, und – meist in Lederhose beziehungsweise Dirndlkleid – diverse Hohenlohes, Auerspergs, Fürstenbergs und Schaumburg-Lippes und, nicht zu vergessen, erwähnte Soraya, damals Pahlewi, mit ihrem Mohamed Resa.

Legendär sind die Anekdoten, die der vor wenigen Jahren erst verstorbene Berufs-Chauffeur Franz Koidl über jene dekadenten Zeiten zu erzählen wußte. Über die Zigaretten zum Beispiel, die er, der damals mit seinem Taxi – ganz comme il faut, in feiner Livree – vor dem Schloß auf Fahrgäste zu warten pflegte, im Auftrag Greta Garbos einmal eigens aus Zürich holen mußte; über die Friseuse und den Hauspianisten aus Paris, die eine andere US-Diva plötzlich unbedingt um sich haben mußte; und über König Faruk, der berüchtigt war für seine notorischen Schürzenjagden und Zechprellereien.

In einem Raum ihres Heimatmuseums haben die Mittersiller Memorabilien aus diesen tollen Tagen zusammengetragen. Photos, Werbebroschüren, Illustriertenartikel, Pokale von Golf- und Tontaubenschießwettbewerben, allerlei Gastgeschenke … In einer Ecke lehnen die Wasserski, auf denen Gina Lollobrigida einst über den Zeller See pflügte. Und auch jene finale Nachricht hat man an die Wand gepinnt, mit der die ‚Bunte Illustrierte' 1957 das Ende des illustren Clubs beklagte: „Eine Schrekkensmeldung jagt durch die Welt: Schloß Mittersill in Salzburg muß seine Tore schließen. Könige und Fürsten, Prinzessinen und Filmstars, Dollar-Millionäre und Politiker sind darüber bestürzt … Kein Wort mehr von Liebe, von Glück, von vornehmen Empfängen. Nur die nackte Tatsache: Geld kann Tradition nicht mehr erhalten. Auch Schloß Mittersill wurde vom Pleitegeier erfaßt."

Das schönste Erinnerungsbild zeigt einen eleganten, schon etwas graumelierten Herrn in Cordhose und Cashmere-Pullover, wie er sich zu einem etwa vierjährigen Mäderl mit sommersprossigem, von

Der Schmied Martin Stöckl in seiner 400 Jahre alten Werkstatt in Stuhlfelden. Gewiß, die Kunst- und Hufschmiede haben, nicht nur im Salzachtal, schon bessere Tage gesehen, und viele üben diesen altehrwürdigen Beruf nicht mehr aus. Doch immerhin: seit die Noriker-Zucht eine gewisse Renaissance erlebt, gibt es wieder allerhand zu beschlagen.

Zöpfen umrahmtem Lausbubengesicht hinuntergebeugt, um ihr, mit unvergleichlich schmachtendem Blick einen Kuß auf ihr Händchen zu hauchen. Der Bildtext: „Clark Gable küßt Schett Gertraud (heute Gassner) auf dem Tennisplatz in Schloß Mittersill die Hand."

Solch vollendeter Courtoisie befleißigte man sich am Schloß freilich nicht immer. Zur Zeit der wirklichen Ritter wie etwa den Herren von Matrei-Lechsgemünd, die vor rund 800 Jahren von hier oben ihre von Walchen bis Krimml reichende Grafschaft verwalteten, herrschte mit Sicherheit ein ruppiger Umgangston. Der sich auch nicht änderte, als König Heinrich VII. Erzbischof Eberhard II. mit dem Pinzgau belehnte und in ‚Mitersele', wie es damals noch hieß, ein Pflegbeamter aus Salzburg Quartier bezog. Im Gegenteil: Je mehr die Bauern in der Folge gegen ihre Unterdrückung aufbegehrten, desto repressiver reagierten Adel und Klerus. Als sich das schließlich 1525/1526 in den Bauernkriegen entlud und etliche Burgen in Flammen aufgingen, wurden allein im ‚Land inner Gebirg' 15.000 Aufständische hingemetzelt.

Markantestes Ereignis auf Schloß Mittersill war in diesen traurig turbulenten Jahrzehnten der Hexenprozeß von 1575. Nach einem verheerenden Unwetter, das große Schäden hinterlassen hatte, war auf einen Pfarrer aus Bramberg und dessen Köchin der Verdacht gefallen, sie wären des Wettermachens kundig und hätten zudem „Würmb und Krotten" gezüchtet und Getreidekörner herbeigezaubert. Die beiden landeten zwei Stockwerke unter der Kapelle im Schloßverlies, wo man sie in großen Kupferkesseln verwahrte; denn man glaubte, solch gespenstische Kreaturen verfügten über die Fähigkeit, beim ersten Kontakt mit dem Erdboden in Unsichtbarkeit zu entschwinden. Wenig später wurden sie angeklagt, hierauf dort, wo heute die Schloßgäste im Fackelschein an ihren Aperitifs nippen, mit Seilzügen, Mundbirnen und Daumenschrauben zu Geständnissen gepreßt, stante pede verurteilt und schließlich auf dem Scheiterhaufen dem Zeitgeist geopfert.

Mitte des 19. Jahrhunderts amtierte im Schloß dann Ignaz von Kürsinger, der Chronist des Pinzgauer Lebens, der als einer der Erstbesteiger des Großvenedigers auch in die alpinistischen Annalen einging,

An der vielbefahrenen Straße im Zentrum von Mittersill erinnert ein auf Hochglanz poliertes Dampfroß an die frühen Tage des Schienenverkehrs. Und auf dem Areal des Museums im Felberturm informiert eine Ausstellung, untergebracht in einem 100 Jahre alten Güterwaggon, über die Geschichte der 1898 eröffneten Lokalbahn. Wer daraus freilich ableitet, das Bahnwesen stehe im Pinzgau auf dem Abstellgleis, irrt: Das Schmalspurbähnchen zwischen Zell am See und Krimml tut nach wie vor wacker seinen Dienst.

Die Tradition der Trachtenschlittenfahrten war im Pinzgau jahrzehntelang versiegt. Doch in den siebziger Jahren ließ man sie, vorerst bescheiden, wieder aufleben. Seither wachsen die Zahl der Teilnehmer und das Publikum rapide. Erfreulicher Nebenaspekt solcher Feste: Das Interesse an der Pferdehaltung beginnt auch im bäuerlichen Alltag wieder zuzunehmen.

Alljährlich im Winter finden im Gebiet von Kaprun, Piesendorf, Uttendorf und Niedernsill Pferdeschlitten-Sternfahrten statt, bei denen die Gespanne aus den verschiedenen Richtungen sternförmig zu einem vereinbarten Treffpunkt kommen. Als Rahmenprogramm sind dabei die Klöcker und Schnalzer mit ihren Peitschen unverzichtbar. Und mancher Teilnehmer packt auf seinen Gfah- oder Goaßl-, Böndl- oder Kaibischlitten zum Gaudium der Besucher auch Latten und Stöcke aus den Pioniertagen des Skisports. Folgende Doppelseite: Schloß Mittersill.

als Bezirksrichter. Im Zweiten Weltkrieg beherbergte das durch mehrere Brände und Umbauten ziemlich mitgenommene Gemäuer ein ‚Sven-Hedin-Institut', wo unter der Patronanz der SS allem Arischen zugetane Ethnologen Tibet-Forschung betrieben. Und heute dient es, nach seinem Intermezzo als High-Society-Treff, einer internationalen Vereinigung evangelischer Studenten als Konferenzzentrum und Hotel.

Die große Wichtigkeit Mittersills für den Oberpinzgau liegt freilich weniger in seiner Anziehungskraft auf Tibetologen oder Golfspieler, sondern in seiner Funktion als Verkehrsknotenpunkt und Warenumschlagplatz. Der Weg aus dem Kitzbüheler Raum über den Paß Thurn ins Salzachtal und von hier Richtung Süden, an der Schößwend-Klamm und dem malerischen Hintersee vorbei, hinauf zu jener einsamen Paßhöhe, „allwo Mittersill mit dem Tyrollerschen Gericht anstoßet", galt schon zu Zeiten der Kelten und Römer und erst recht zur Blüte des Venedigerhandels im Spätmittelalter als eine der zentralen Routen über die Alpen. Wovon nicht zuletzt die Tauernhäuser von Schößwend, Spital und – auf der Südseite – Matrei zeugen. Seinem Verlauf folgt heute teilweise jene transalpine Pipeline, durch die Erdöl in Riesenmengen von den italienischen Häfen in Richtung des Raffineriezentrums in Ingolstadt fließt. Einen Bedeutungsschub – und zugleich eine bis heute nicht enden wollende Transitverkehrslawine – bescherte dem Ort der Bau der winterfesten Straße über den Felber Tauern. Sie führt, am eigentlichen Paß vorbei, durch das Amertal, das Ödtal und durch eine 5.300 Meter lange Betonröhre hinüber nach Osttirol und wurde 1967 eröffnet – etwa zur gleichen Zeit wie wenige Kilometer ostwärts im Stubachtal die Weißsee-Gletscherbahn.

Der Ort Mittersill selbst ist in seinem Kern ein Stück Alt-Pinzgau, mit behäbigen Bürgerhäusern rund um den langgestreckten Marktplatz und mit Gasthöfen, die von einem soliden, nicht erst durch die Touristen gebrachten Wohlstand künden. Herzstück der örtlichen Traditionshotellerie ist der Hotel-Gasthof Bräurup. In seiner wunderschön getäfelten Wirtsstube wurde des öfteren Geschichte geschrieben. So hielten hier im Sommer 1809 einige der engsten Vertrauten Andreas Hofers, nachdem

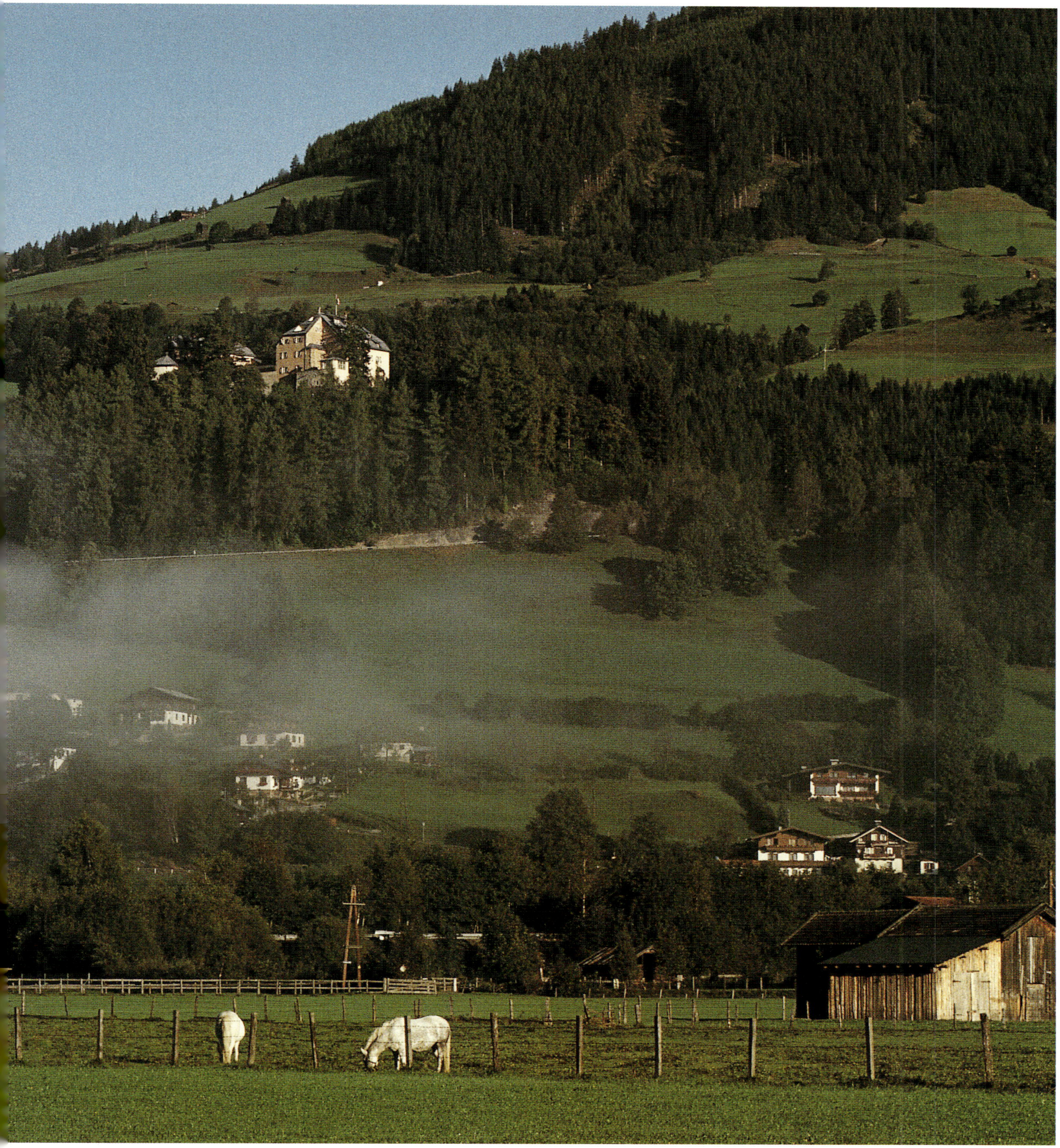

Zwei bauliche Kleinodien im Mittersiller Ortsteil Felben: links der Felberturm, ein ehemaliger Wehrturm und Getreidespeicher aus dem frühen 12. Jahrhundert, der heute ein reich bestücktes Heimatmuseum beherbergt. Und daneben die Filialkirche St. Nikolaus, ein im Kern romanisches Gotteshaus, das im 15. Jahrhundert gotisiert wurde und aus dieser Zeit, unter einem schönen Netzrippengewölbe, Fragmente kostbarer Fresken besitzt.

kurz zuvor 400 Pinzgauer Schützen, die auf Seiten der Tiroler gegen Napoleons Verbündete kämpften, bei der sogenannten Halbstunden-Brücke in Taxenbach 7.000 Bayern schwere Verluste zugefügt hatten, eine Einsatzbesprechung ab. 1945 nistete sich im Bräurup, das früher auch eine Brauerei betrieben hatte, das Oberkommando der deutschen Wehrmacht ein, um von hier aus mit mörderischem Trotz die Absicherung ihrer imaginären Alpenfestung entlang des Tauernhauptkamms zu organisieren. Und in den Jänner-Tagen des Jahres 1954 amüsierte sich Farouk I., der ebenso korpulente wie korrupte „König Ägyptens und des Sudans", der sich oben im Schloß von den Anstrengungen des Exilanten-Daseins erholte, am Stammtisch des Bräurup mit den verblüfften Bauern beim Kartenspiel. Heute beherbergt das Haus vor allem Fischer, denn die Wirtsfamilie Gassner besitzt seit Generationen ein schier unglaubliches Angelrevier, das neben mehreren Stau- und Berg- und Badeseen auch die Salzach von ihrem Ursprung auf dem Salzachgeier bis nach Niedernsill und in diesem Abschnitt so gut wie alle Seitenbäche umfaßt – eine Fließwasserstrecke von insgesamt über dreihundert Kilometern.

Da im Pinzgau die alten Gasthöfe in besonderem Maße die Brennpunkte der Geselligkeit, ja des dörflichen Lebens überhaupt bilden, wo man seit Jahrhunderten dem Nachbarn begegnet, Geschäfte beredet, über die Politik räsoniert, einander die Kinder verspricht und gemeinsam die Toten betrauert, ist es nur naheliegend, daß sie meist gleich neben der Kirche, dem Schauplatz von Hochzeiten und Begräbnissen, stehen. Diesem Prinzip entsprechend ist es auch vom Bräurup nur wenige Schritte zur Pfarrkirche. Das dem heiligen Leonhard geweihte Gotteshaus ist ein nicht weiter aufregender, einschiffiger Bau aus dem Spätbarock. Auf dem angrenzenden Friedhof jedoch findet sich ein Grab, das speziellere Beachtung verdient. Es birgt die Überreste eines weltberühmten Mannes, für den Mittersill auf tragische, ja absurde Weise zur Endstation werden sollte. Anton von Webern, der Schüler Arnold Schönbergs und Komponist subtiler Zwölftonmusik, hatte sich im Sommer 1945 in den Oberpinzgau zurückgezogen, um den Wirren des Kriegsendes in Wien zu entgehen. Am 15. September war er bei Verwandten zu Besuch und trat nach dem Abendessen kurz vor das Haus, um eine Zigarre zu rauchen. Was er nicht

Als man im Jahr 1989 an die Restaurierung der Piesendorfer Pfarrkirche ging, entdeckte man unter Kalk und Putz eine kunsthistorische Sensation: großflächige Wandfresken aus der Zeit um 1430, die sich als Meilensteine in der Salzburger Malerei der Spätgotik entpuppten. Auch die Erinnerung an die „Chinesische Stadt", die sich der spleenige Schmied Sebastian Perfeller Mitte des 19. Jahrhundert im Ortsteil Fürth erbaute, wird in Piesendorf hochgehalten. Im Bild: das im Gemeindehaus zu besichtigende Modell.

Bei den Gehöftformen ist grundsätzlich zwischen Ein- und Gruppenhöfen zu unterscheiden. Letztere sind im Pinzgau und Pongau als Haufen- und auch als Paarhöfe vertreten. Charakteristisch für die Hauslandschaft im Oberen Salzachtal sind zudem die vielen Heustadeln auf Wiesen und Mähdern. Im Bild: ein typisches oberpinzgauer Anwesen in der Nähe von Hollersbach.

wußte: Die amerikanische Militärregierung hatte im gesamten Oberpinzgau eine Ausgangssperre verhängt, und insbesondere in Mittersill lauerten Truppen nachts gerne Schwarzhändlern auf. Als Webern in der Dunkelheit ein Streichholz entzündete, gab ein junger, nervöser US-Soldat – „in Notwehr", wie er später aussagen sollte – drei tödliche Schüsse auf die unerkennbare Schemengestalt ab.

Blättert man in den Chroniken der Ortschaften an der Oberen Salzach, stößt man durch die Jahrhunderte mit erschreckender Regelmäßigkeit auf Berichte über Flutkatastrophen. Sobald Gewitter oder schmelzender Schnee die Seitenbäche anschwellen ließen, trat der unregulierte und durch Dämme nur mangelhaft in seiner Bahn gehaltene Hauptfluß über die Ufer. Entsprechend sumpfig und von Tümpeln durchsetzt war der gesamte Talboden. Noch zu Beginn des letzten Jahrhunderts, kurz vor der durch Kaiser Franz I. veranlaßten Einböschung des Flußes und Drainagierung der Wiesen und Felder, war das „Pinzgauer Sumpffieber" gefürchtet.

Besonders arm dran war das am Zusammenfluß mehrerer Bäche gelegene Mittersill. Es gibt Photos aus den dreißiger Jahren, auf denen der Ort einer Lagunenstadt gleicht und Boote die Rolle von Fuhrwerken spielen. Und über das Jahr 1798 berichtet die Chronik von Muren, die bei Niedernsill das gesamte Tal so hoch verlegten, daß die Salzach sich zu einem See staute, der bis nach Mittersill zurückreichte. Solche Sintfluten sind, gemeinsam mit mehreren nicht minder verheerenden Bränden, auch der Grund, daß sich heute in der Marktgemeinde kaum Gebäude finden, die älter als 250 Jahre sind.

Eine Ausnahme bildet, im Ortsteil Felben, der sogenannte Felberturm. Dieser wuchtige, 16 × 16 Meter große Bau aus Fischgrätenmauerwerk entstand im frühen 12. Jahrhundert, etwa gleichzeitig mit dem Weyerturm, der ein paar Kilometer westlich, an der Straße bei Bramberg, bis heute wacker die Stellung hält. Von ihm aus wachten ursprünglich die Herren „von Velm" über den strategisch so wichtigen Eingang zum Felbertal. Später wurde der Wohn- und Wehrturm zum Troad- (=Getreide-)Kasten umfunktioniert, in dem die dem Erzstift zinspflichtigen Oberpinzgauer Bauern ihren Zehent abzuliefern hatten. 1963 wurde er nach Jahrhunderten des sukzessiven Verfalls wieder instandgesetzt und in das eingangs erwähnte Heimatmuseum verwandelt. Ein Gang durch dieses dreigeschossige Gebäude macht nicht nur mit ‚Lollos' Wasserskiern und Handküssern aus Hollywood vertraut (die Exaltiertheiten der Schloßhotel-Gäste sind selbstverständlich nur kuriose Details). Vielmehr enthüllt er dem Besucher anhand Abertausender Exponate den ganzen Reichtum der Pinzgauer Volkskultur. So läßt sich etwa der Jahreskreis des Brauchtums von den Schiach- und Schön- und Tretererperchten über die ‚Gebildbrote' – jene im Heidnischen wurzelnde Symbolformen aus Weizenmehlteig, die man sich hierzulande zu den großen, christlichen Festen überreicht – bis zur detailgetreu geschnitzten Weihnachtskrippe nachvollziehen. Das Schul-, das Jagd- und das Trachtenwesen findet man ebenso liebevoll dokumentiert wie die Frühzeit des Skilaufs und Alpinismus. Auch den vielfältigen Produkten des (Kunst-)Handwerks begegnet man hier. Und eine eigene Abteilung ist dem Bergbau der Region gewidmet, insbesondere dem Abbau von Scheelit, jener Rohsubstanz zur Gewinnung von wertvollem Wolfram, deren weltweit größte Einzellagerstätte sich im Felbertal unweit des Hintersees befindet.

Altes Kulturgut zu bewahren, hilft auf seine Art auch der Mittersiller Franz Neumayr. Er betreibt, zwei Gehminuten von der Blizzard-Skifabrik entfernt, eine Sattlerei – die einzige weithin im Land. Dort erzeugt er Glockenriemen und Gesichtsmasken, mit denen man die Kühe beim Almabtrieb schmückt, aber auch Halfter, mit deren Hilfe man Stieren auf der Weide den Nasenring hochbindet. Im Auftrag der Salzburger Festspiele hat Neumayr, der übrigens auch zu jenen Männern gehört, die vor einigen Jahren die historischen Säumerzüge über den Felber Tauern begründeten, für Placido Domingo als Othello, für Bruno Ganz als Coriolan und für Helmut Lohner als Jedermann feine Lederpanzer maßgeschneidert. Doch seine größte Liebe gilt eindeutig den Pferden, namentlich jenen unverwüstlichen Norikern, die man in diesem Bergland von alters her züchtet.
Eine Sage, deren Wurzeln wohl tief in jene grauen Vorzeiten zurückreichen, als die Bajuwaren das Land längs der Salzach in Besitz genommen oder gar noch die keltischen Ambisonter hier gehaust haben, erzählt von einer schönen, braunen, trächtigen

Nach wie vor zählen die Salzburger Heimatvereinigungen, Schützenkorporationen und Musikkapellen ihre Mitglieder in Tausenden. Im 19. Jahrhundert als Gegengewicht zur Industrialisierung gegründet, verfolgen sie bis heute ähnliche Ziele wie damals: die Erhaltung der bodenständigen Tracht und des Kunsthandwerks und die Pflege des heimischen Brauchtums. Im Bild: Sternsinger am 6. Jänner respektive Noriker und ihre Herrinnen, beide festlich herausgeputzt.

Stute, die von den Pinzgauern einst gekauft und in einem Seitental nahe dem Zeller See auf einer fetten Weide ausgelassen wurde. Nachdem sie zwei Fohlen zur Welt gebracht hatte, sei sie so entsetzlich gefräßig geworden, daß selbst die saftigsten Wiesen im Nu abgegrast waren. Als sich das Tier durch das gesamte Zeller Tal gefressen hatte, wurde es von den verzweifelten Bauern ins Fuschertal gejagt. Doch auch dort erwies es sich als Nimmersatt, ja streckte seinen langen Hals sogar über den Tauernhauptkamm nach Kärnten, um dort sein Vernichtungswerk fortzusetzen. Zu guter Letzt sei es den Kärntnern und Salzburgern mit vereinten Kräften gelungen, das verhexte Pferd zu erschlagen.

Wie es der Zufall will, hielt sich just zu dieser Zeit der hl. Leonhard im Lande auf. Er lehrte die Bauern, wie sie die zwei verwaisten Fohlen richtig aufzuziehen hätten und begründete so jene berühmte Rasse der Pinzgauer Noriker, deren Merkmale Experten folgendermaßen charakterisieren: „mittelschweres Kaltblutpferd mit Nerv und Adel, phänotypisch dem Belgier vergleichbar, aber als Bergpferd trockener, härter, genügsamer. Stellt sich vor allem als Brauner, seltener als Fuchs und Rappe vor. Besondere Züchtungen sind die nur im Pinzgau vorkommenden ‚Tiger' – Schimmel mit etwa handtellergroßen, über Kopf, Rumpf und Beine verstreuten schwarzen oder braunen Flecken". Zum Dank für seine Hilfe gedenkt man des Heiligen hier, wie auch im benachbarten Bayern, seither alljährlich mit dem Leonhardiritt, der dazu dient, das Land gegen böse Geister zu feien.

Für festliche Anlässe wie diesen Leonhardiritt, aber auch die jüngst wieder vermehrt stattfindenden diversen Stern- und Schlittenfahrten, fabriziert Neumayr in seiner Werkstatt sämtliche Bestandteile jener prächtigen Gala-Geschirre, die jeder einigermaßen traditionsbewußte Bauer noch heute stolz sein eigen nennt und die das Herz jedes Hippologen höher schlagen lassen: Schweifriemen, Überwürfe, Schellenkränze, mit Roßstroh gefüllte und Dachsfell belegte Kummete, Boanlhalfter, die sogenannte Gloat (= Zügelleinen) und mit Kaurimuscheln, einem kuriosen Relikt des Saumhandels, verzierte Brustplatten.

Der Pinzgau ist freilich nicht nur ein Pferde-, sondern auch ein Rinderland. Die kastanienfarbenen, meist vom Rücken über Kreuz und Hinterhand bis

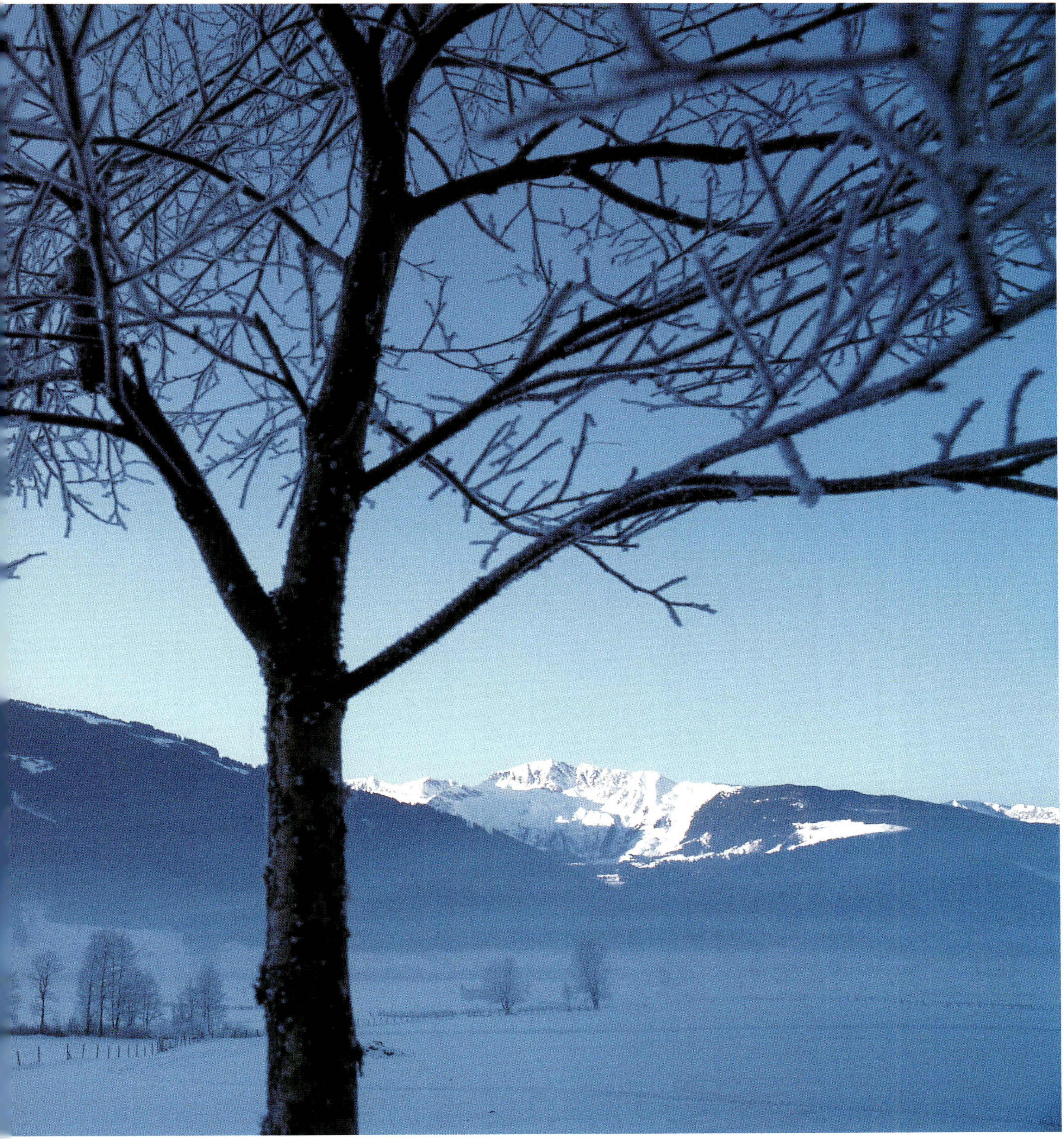

*Vorhergehende Doppelseite: das Salzachtal bei Piesendorf. Noch vor 150 Jahren waren weite Teile des Talbodens heillos versumpft. Nachdem man sie auf Veranlassung von Kaiser Franz I. trockengelegt hatte, pflanzte man aus Dankbarkeit für den Impuls des höchsten Herren an mehreren Stellen sogenannte „FRANZ-Bäume", Grüppchen von fünf Bäumen, die aus jeweils einer **F**ichte und **R**otbuche, einem **A**horn und **N**ußbaum sowie einer **Z**irbe bestanden.
Rechts im Bild: Hochamt am Drei-Königs-Tag in der Pfarrkirche von Mittersill.*

zur Brustspitze weißgezeichneten Kühe, auf deren Anpassungsfähigkeit und Milchleistung Züchter von Dubai bis Namibia schwören, sind aus den Alm- und Talszenerien nicht wegzudenken. Gleichwohl ist ihre Zahl in den vergangenen Jahrzehnten deutlich geschrumpft. Nicht zuletzt auch, um diesen Trend umzukehren, haben einige Dutzend Bergbauern vor ein paar Jahren begonnen, der altehrwürdigen Pinzgauer Rasse eine Art Veredelungskur zu verabreichen, und sie haben ihr unter dem Markennamen ‚Pi-Rind' mittlerweile zu neuen kulinarischen Ehren verholfen. Begründer dieser Initiative war der Uttendorfer Landwirt Hubert Wörgötter. „Eine kleine, reine Quelle, die in einen Fluß und dann in den Ozean mündet, erkennt man in letzterem nicht wieder. Genauso ist es mit einem guten Stück Fleisch. Es verschwindet in der Masse, wenn es nicht gesondert vermarktet wird." Hubert Wörgötter war es vor einigen Jahren endgültig leid gewesen, seine nach biologischen Richtlinien gezüchteten Rinder bei den großen Versteigerungen gemeinsam mit dem chemisch manipulierten Vieh der Konkurrenz zu Niedrigpreisen verscherbelt zu sehen. Also rief er 1989 gemeinsam mit Hans Ebner, Fleischermeister aus Mittersill, den „Verein zur Erzeugung und Vermarktung von Pinzgauer Naturprodukten" ins Leben. Die Mitglieder verpflichteten sich, ihre Tiere ausschließlich mit heimischen, natürlichen Futtermitteln zu ernähren, vom Frühjahr bis zum Herbst durchgehend auf Weiden oder Almen zu halten und sie möglichst streßfrei selbst zur Schlachtung zu bringen. Und siehe da: Obwohl das Pi-Rind zwei- bis dreimal langsamer wächst als auf herkömmliche Weise gezüchtetes Vieh und deshalb bis zu dreißig Prozent teurer ist, findet es – in Zeiten von Hormonmißbrauch und BSE ein hoffnungsspendendes Signal – reißenden Absatz. Und qualitätsbewußte Gastronomen wie etwa Robert Klackl, der Wirt der ‚Meilinger Taverne', dem Mittersiller Haubenrestaurant, bestätigen, in Anbetracht des ungewöhnlich zarten und schmackhaften Fleisches schon so manchen aufrechten Vegetarier beim Verrat seiner hehren Ideale ertappt zu haben.

Auf Traditionalisten im besten Sinne des Wortes stößt man auch in so manchen anderen Dörfern des Mittelpinzgaus. In Stuhlfelden zum Beispiel auf eine Gruppe von Freunden des Harfenspiels sowie irischer, walisischer und bretonischer Gesänge, die hier alljährlich im Spätsommer hochkarätig besetzte ‚Keltische Musiziertage' organisieren. In Uttendorf auf Archäologen, die dort in schöner Regelmäßigkeit kostbare Funde aus der Hallstattzeit zutage fördern. In Niedernsill auf ein Ehepaar – Barbara und August Rettenbacher –, das sich ganz der Erforschung und Pflege des Pinzgauerischen verschrieben hat, und dessen Lebenswerk demnächst durch die Schaffung eines eigenen, öffentlich zugänglichen Mundartarchivs seine Krönung erfahren wird. Und in Piesendorf schließlich begegnet man dem Andenken eines Mannes, der zum Sinnbild für jenen Eigensinn taugt, welcher dem am Salzach-Oberlauf heimischen Menschenschlag wohl grundsätzlich innewohnt: Sebastian Perfeller, seines Zeichens Schmied und ebenso spleeniger und kunstsinniger wie von unheilbarem Fernweh geplagter Abenteurer, war um die Mitte des vorigen Jahrhunderts aus seiner Pinzgauer Heimat erst in die USA und später nach Brasilien ausgebrochen. Jahre später nach Piesendorf zurückgekehrt, erbaute er, von seinen Nachbarn ob der offensichtlichen Andersartigkeit scheel beäugt, im Ortsteil Fürth die sogenannte ‚Chinesische Stadt'. Dabei handelte es sich um ein in der Tat sonderbares Konglomerat aus hölzernen, fernöstlich anmutenden Pavillons, das alsbald von etlichen Künstlern bevölkert und von vielen Schaulustigen aus nah und fern besichtigt wurde. Die Originalsiedlung fiel nach Perfellers Tod vor der Jahrhundertwende einem Brand zum Opfer. Heute bildet ein 1991 im Maßstab 1:20 rekonstruiertes Modell den Mittelpunkt einer kleinen Dauerausstellung im Gemeindehaus.

Folgt man von Piesendorf der Straße, dem Fluß und dem Spalier aus mächtigen Strommasten, das die Salzach an ihrem gesamten Oberlauf säumt, Richtung Osten, erreicht man nach wenigen Kilometern Kaprun. Dieser Ort verfügt mit dem Bürgkogel über eine bedeutsame Fundstätte bronzezeitlicher Siedlungsreste. Von seiner Burg beherrschte bereits im 12. Jahrhundert ein Grafengeschlecht namens Falkenstein, später jenes der Walchen, dann das der Felben und schließlich ein erzbischöflicher Pfleger den gesamten Mittelpinzgau. Kaprun besitzt (oder sollte man sagen „besaß"?) ein prachtvolles Hochtal, das im Verbund mit der – kürzlich wiedererschlossenen – Siegmund-Thun-Klamm schon im vo-

Im Kachelofen knistert das Feuer. Seine wohlige Wärme strahlt in den hintersten Herrgottswinkel. Was wünschen zu speisen? Fleischkrapfen, Kasnocken oder Erdäpfelnidei? Und danach? Ein selbstgebrannter Vogelbeerschnaps? Die Atmosphäre in den alten, zirbenholzgetäfelten Gaststuben – im Bild: jene des Bräurup in Mittersill – ist von kaum zu überbietender Heimeligkeit.

Auf dem Schwarzlehen-Hof in Stuhlfelden steht man zweifellos mit beiden Beinen fest im Leben und mit einem Fuß ganz bewußt in der Vergangenheit. In ihrer Rauchkuchl, die sich aus früheren Jahrhunderten in die Gegenwart herübergerettet hat, bereitet Thresi Bacher stilecht, über offenem Feuer und mit altem Gerät, ein gar köstlich mundendes „Opfelmuas" zu.

Landwirte wie Peter Jud, der „Ugglbauer" aus Uttendorf, wissen nur zu gut, wo in Zeiten von GATT und EU ihre Chancen liegen: sicherlich nicht in der Konkurrenz mit industriell agierenden Großproduzenten aus dem flachen Land, die Milch- und Fleisch in Massen auf den Markt werfen, sondern mit naturnah hergestellten Qualitätsprodukten, für die eine stetig wachsende Klientel auch höhere Preise zu bezahlen bereit ist. Nicht ohne Grund bezeichnen sich bereits mehr als die Hälfte der rund 2.000 Pinzgauer Landwirte glaubhaft als Bio-Bauern.

rigen Jahrhundert scharenweise Naturfreunde anlockte. Und heute präsentiert es sich, mit Zell am See zur sogenannten Europa-Sportregion vereint, als ebenso schmucker wie betriebsamer Schauplatz des modernen Fremdenverkehrs, wo Aktivurlauber winters wie sommers am Boden, in der Luft sowie auf und unter Wasser Dutzenden Sportarten frönen können und es ihnen dank der Seilbahn auf das Kitzsteinhorn sogar noch im August und September ermöglicht wird, auf knapp 3.000 Meter Seehöhe mit ihren Skiern letzte Altschneereste vom Eis des dortigen Gletschers zu schaben. Was dieser ehemals ärmlichen Bergbauernsiedlung jedoch ihre große Berühmtheit und die mit Abstand meisten Besucher beschert, ist – ein Bauwerk, das normalerweise das touristische Potential einer Gegend eher schmälert, in diesem besonderen Fall jedoch vervielfältigt hat. Pläne zur Elektrizitätserzeugung in Kaprun hatte man schon in den zwanziger und dreißiger Jahren geschmiedet. Sie sahen eine ganze Kette von Kraftwerken vor, die, über die Hohen Tauern verteilt und durch ein 1.200 Kilometer langes Kanalsystem untereinander verbunden, das Potential an Wasserenergie des gesamten Massivs erschließen sollten. Die Weltwirtschaftskrise, Intrigen der Kohlenindustrie und wohl auch die Maßlosigkeit des Vorhabens verhinderten eine Verwirklichung. So blieb es Reichsmarschall Göring vorbehalten, im Mai 1938 forsch und, wie stets bei solchen Anlässen, von titanischen Herausforderungen und einer verheißungsvollen Zukunft plärrend, den Spatenstich für ein Speicherkraftwerk Glockner-Kaprun vorzunehmen. In den folgenden Jahren rackerten sich, wie man einem berühmt gewordenen Aufsatz Christoph Ransmayrs entnehmen kann, drei- bis viertausend Zwangsarbeiter aus verschiedenen „Feindländern" auf dem hochalpinen Baulos ab. Wobei zumindest jeder zehnte von ihnen den Lawinen oder Steinschlägen, der Erschöpfung oder der allgemeinen Unbarmherzigkeit der Umstände zum Opfer fiel.

Als man die Baustelle 1947 nach einer durch das Chaos des Kriegsendes bedingten Pause reaktivierte, galten die nunmehr 15.000, vorwiegend aus Mitteln des Marshallplans und aus Staatsanleihen bezahlten Arbeiter bald als „Helden des Wiederaufbaus". Und ihr Werk wurde für die noch junge Zweite Republik, was die Großglockner-Hochalpenstraße für die ausgehende Erste gewesen war –

Der im Kammerlanderstall in Neukirchen beheimatete Verein „Tauriska" bemüht sich seit 1986 unter anderem um die Wiederbelebung alten Handwerks. Mit Erfolg, denn ob Tischler, Korbflechter, Wollweber oder Schindelmacher – die Bewahrer solcher vom Aussterben bedrohter Berufe verzeichnen wieder wachsendes Interesse an ihren Produkten. Zur Traditionspflege gehört auch, daß man manche Werkstätten, wie diese eines Tischlers, in Museen (in diesem Fall in Mittersill) der Nachwelt erhält. Folgende Doppelseite: Schlittenfahrt am zugefrorenen Zeller See.

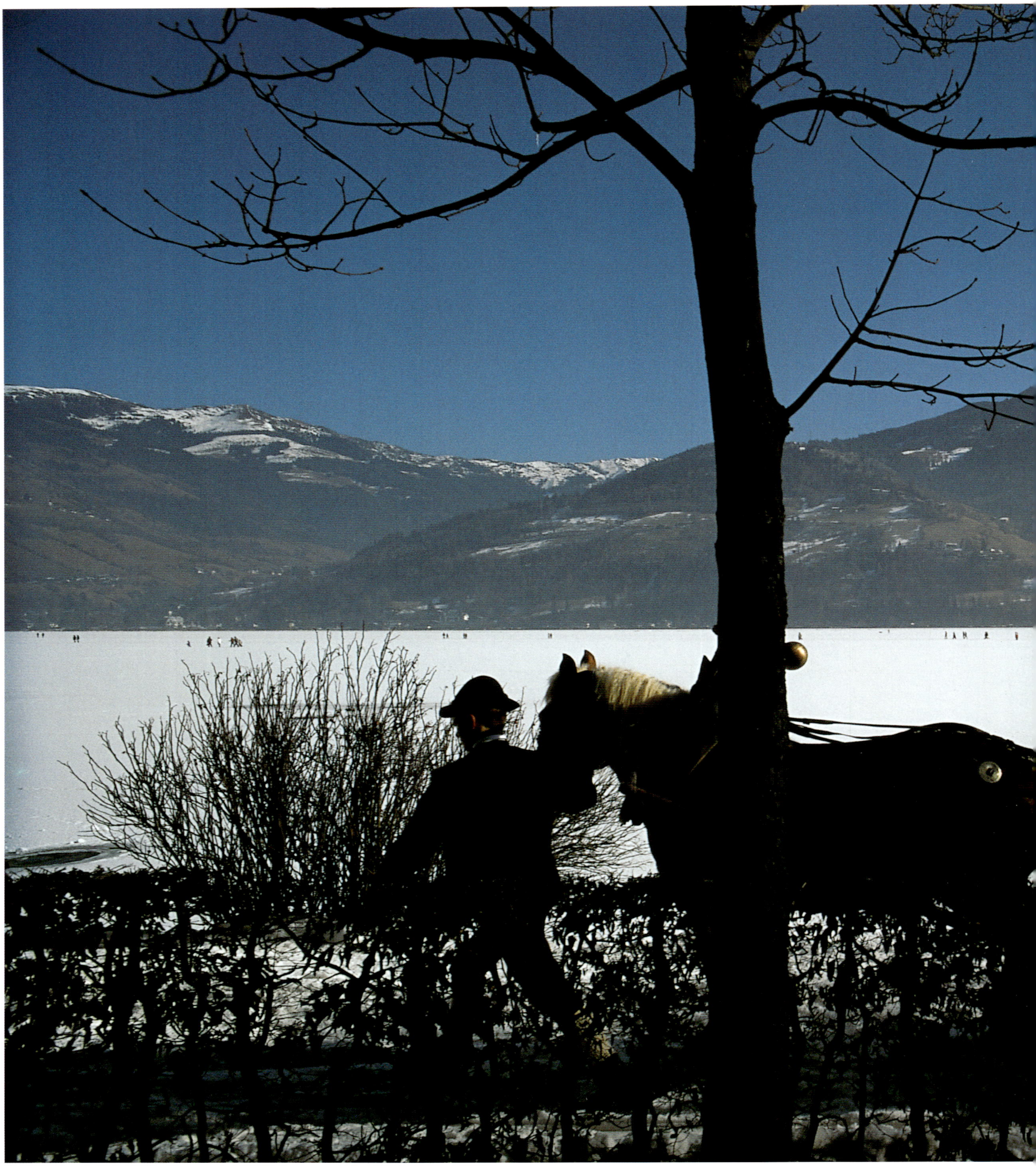

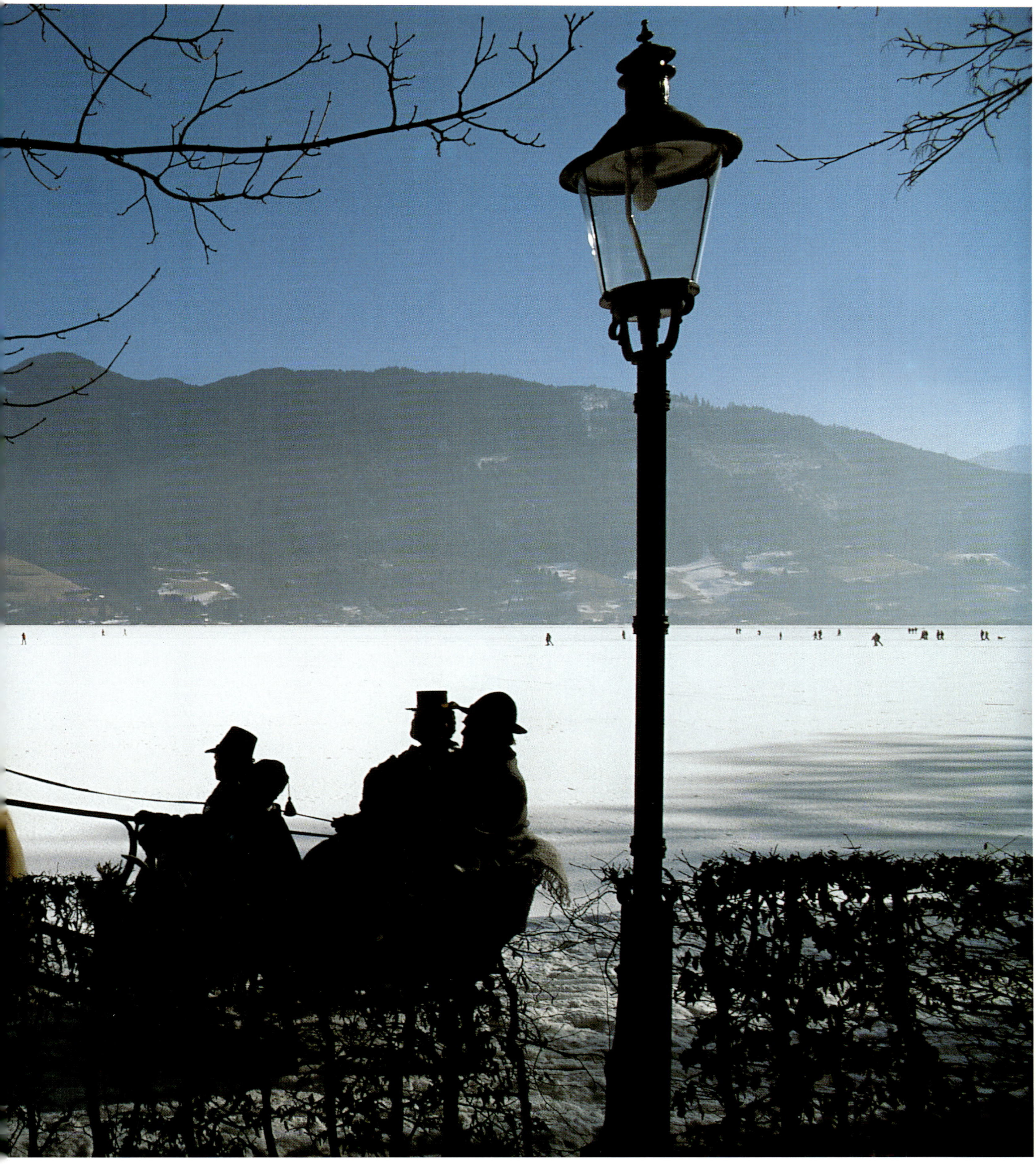

Das Salzburger Land gilt als beispielhaft, was die Trachtenerneuerung betrifft. Männer und Frauen halten mit Stolz die Modetradition ihrer Vorfahren hoch. Freilich nur selten in so makellos originaler Form wie im Fall dieser Bäuerin, die als Requisit sogar ein Dachs-Kummet, wie man es auch Pferden über den Rücken legt, bei sich trägt.

ein zentrales Symbol der österreichischen Identität. Die fertiggestellte Anlage umfaßte die Stauseen Mooser- und Wasserfallboden, eine Kraftwerk-Oberstufe, am unteren Ende der vier gewaltigen Druckrohre die Hauptstufe und, auf Kärntner Seite, den Speicher Margaritze, in dem man die Schmelzwässer des Pasterzengletschers sammelt, um sie in einem Stollen quer durch den Alpenhauptkamm nach Kaprun zu leiten. Seit seiner Eröffnung im Jahr 1955 haben mehr als acht Millionen Schaulustige das Kraftwerk besichtigt. Fast alle zeigen sich – wenn sie im Autobus vom Kesselfall-Alpenhaus hinauf zur Lärchenwand, dort weiter mit dem riesigen Schrägaufzug und von dessen Bergstation schließlich wiederum per Bus den Stausee Wasserfallboden entlang bis zur Mauer des Moserbodens fahren – von dem kolossalen Menschenwerk ebenso beeindruckt wie von der grandiosen Gipfelkulisse. Wen aber angesichts der Limbergsperre, die immerhin 120 Meter in der Höhe und 357 Meter in der Länge mißt, oder der kaum minder mächtigen, durch einen Felskegel miteinander verbundenen Drossen- und Moosersperre doch die leise Sorge um ihre Haltbarkeit beschleichen sollte, der sei beruhigt: Die Inklinatoren und Klinometer, die Pegel, Pendel und all die anderen, von vorsichtigen Ingenieuren eingebauten Kontrollvorrichtungen haben in den mittlerweile über vierzig Jahren keinen einzigen abnormen Wert angezeigt, geschweige denn Alarm ausgelöst. Und wer versucht ist, sich vorzustellen, wie der Schluß des Kapruner Tales vor seiner Vermauerung ausgesehen haben mag, der schließe die Augen und versuche sich in die Lage des bereits einmal zitierten Naturforschers Karl von Sonklar zu versetzen. Der notierte, als er vor gut hundert Jahren hier herauf kam, der Landschaft ansichtig wurde, wobei ihm dabei das Herz überging, in sein Tagebuch: „Wer jemals plötzlich vor ein Ding getreten, das mit den vereinten Zaubern der Erhabenheit und Schönheit, des Geheimnisses und der Unbegreiflichkeit, der Großartigkeit und des schauerlichen Reizes zugleich auf sein Gefühl eingewirkt, wer zum Beispiel sich der Empfindungen des ersten Anblickes des Meeres oder Madonna Sixtina Raphaels erinnert, der wird ungefähr begreifen, wie mir zu Muthe war, als ich auf dem Mooserboden auf meinem Plaid lag ... der Mooserboden ist an Hochgebirgspracht ein Unicum!"

Idyll im Salzachtal nahe Mittersill: Ob hoch droben zwischen Fels, Eis und Gletscherbächen in der sogenannten „Kernzone", inmitten der Wälder, Almen und Bergseen der „Außenzone" oder in den flachen Talsohlen der „Kulturzone" – der Nationalpark ist eine gigantische Schule der Sinne, in der vor allem stadtgeplagte Zeitgenossen die Natur unverfälscht erleben können.

Folgende Doppelseite: Gehöfte am Südhang des Salzachtales bei „Dorf", westlich von Hollersbach.

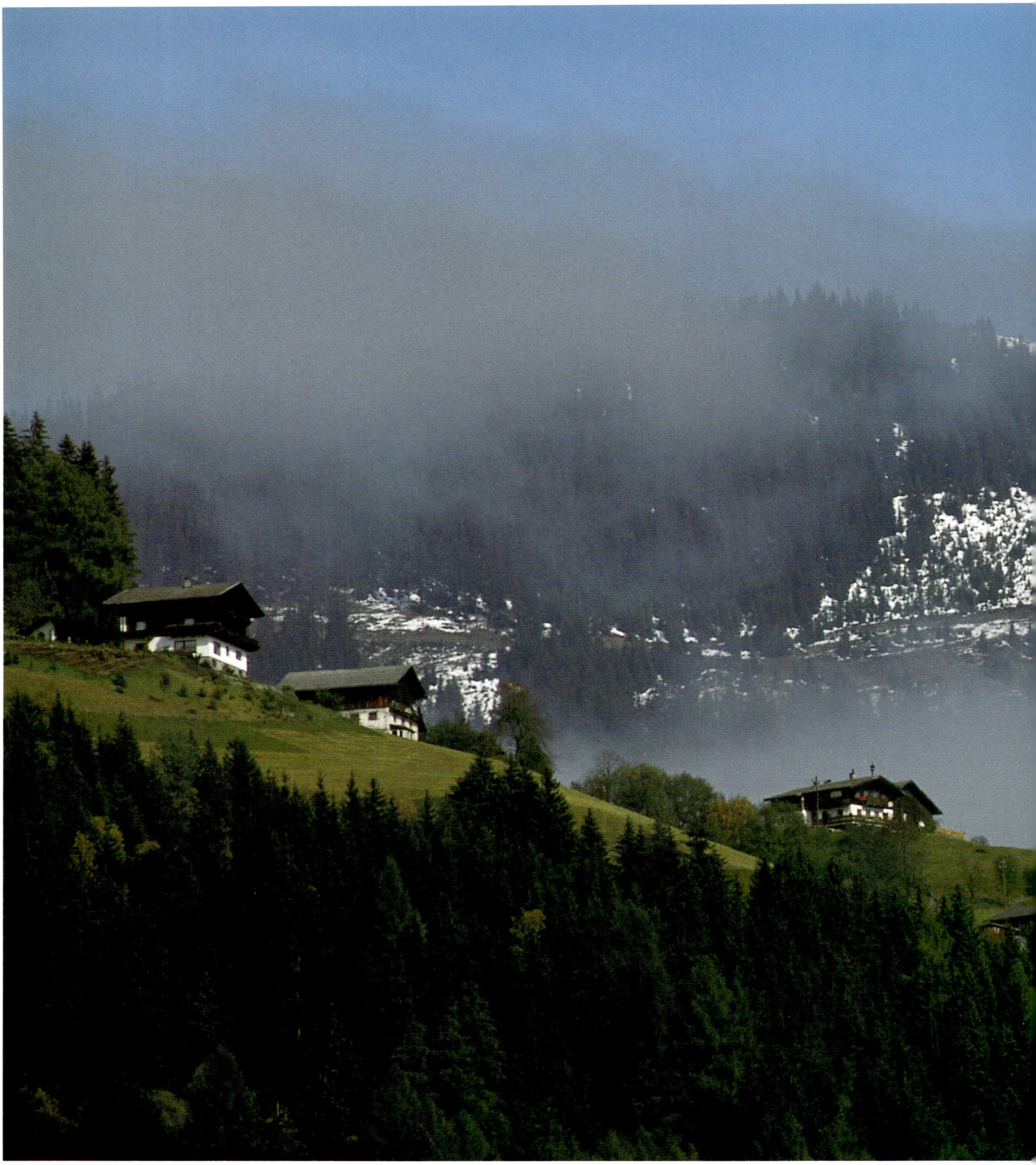

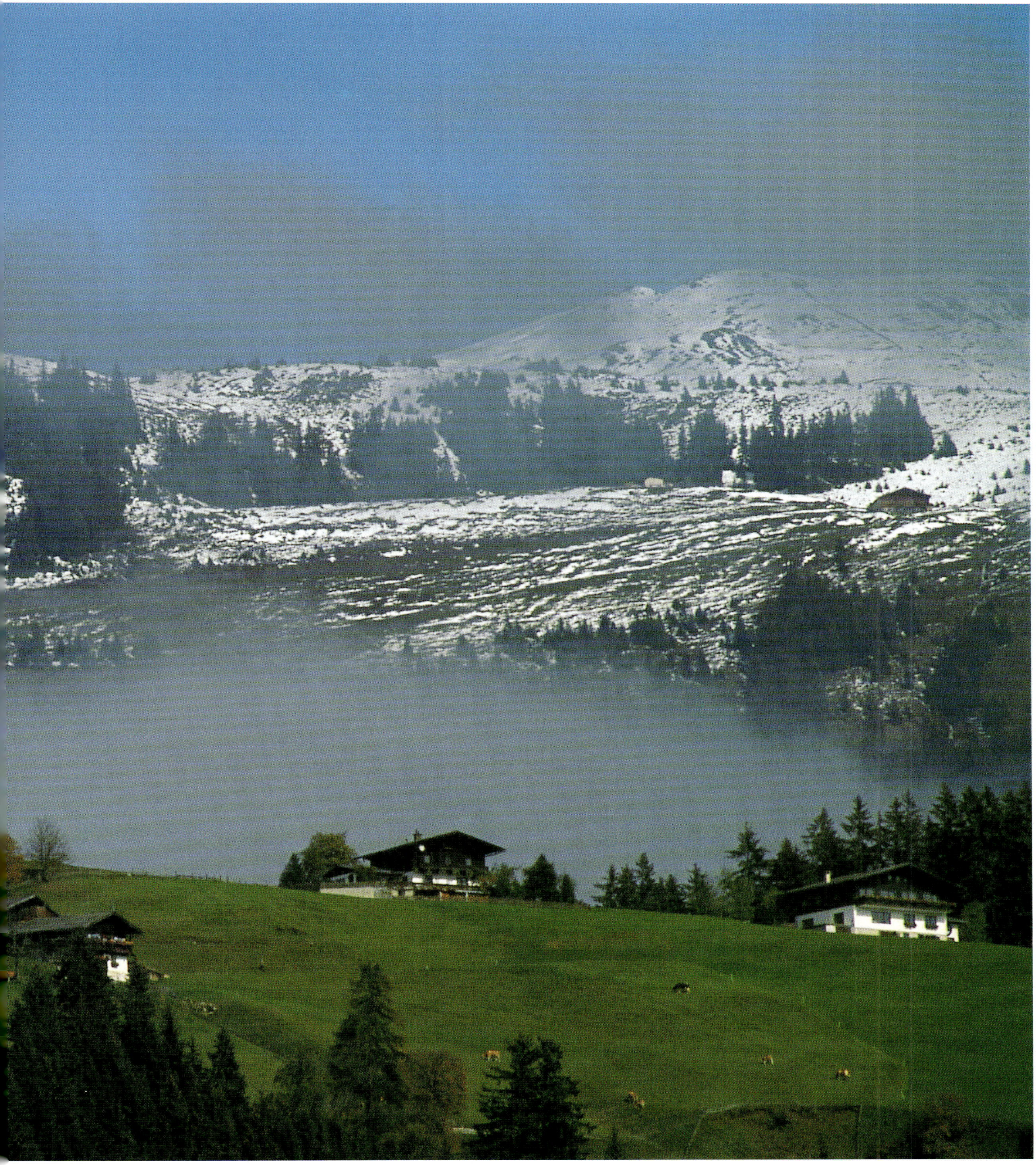

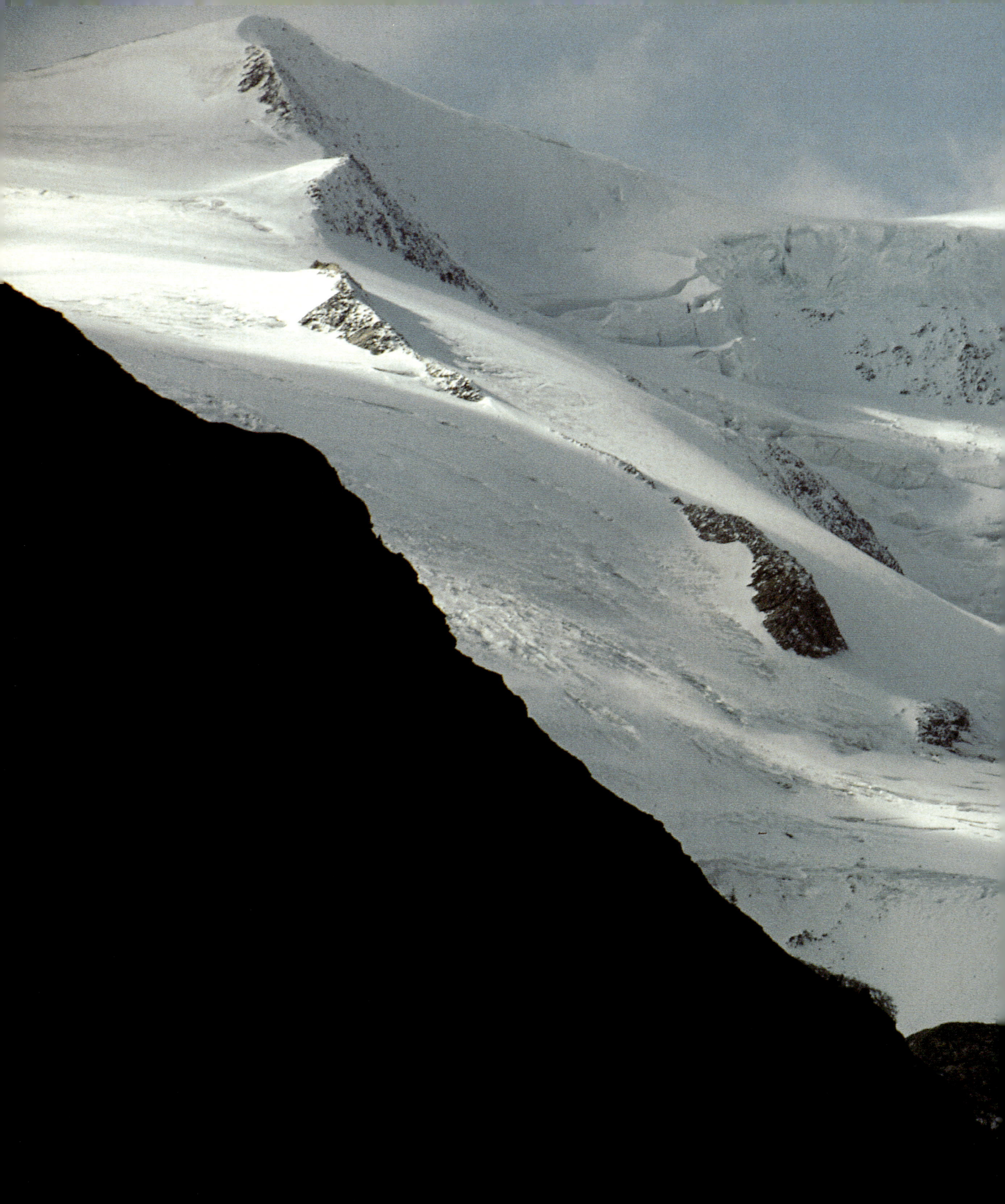

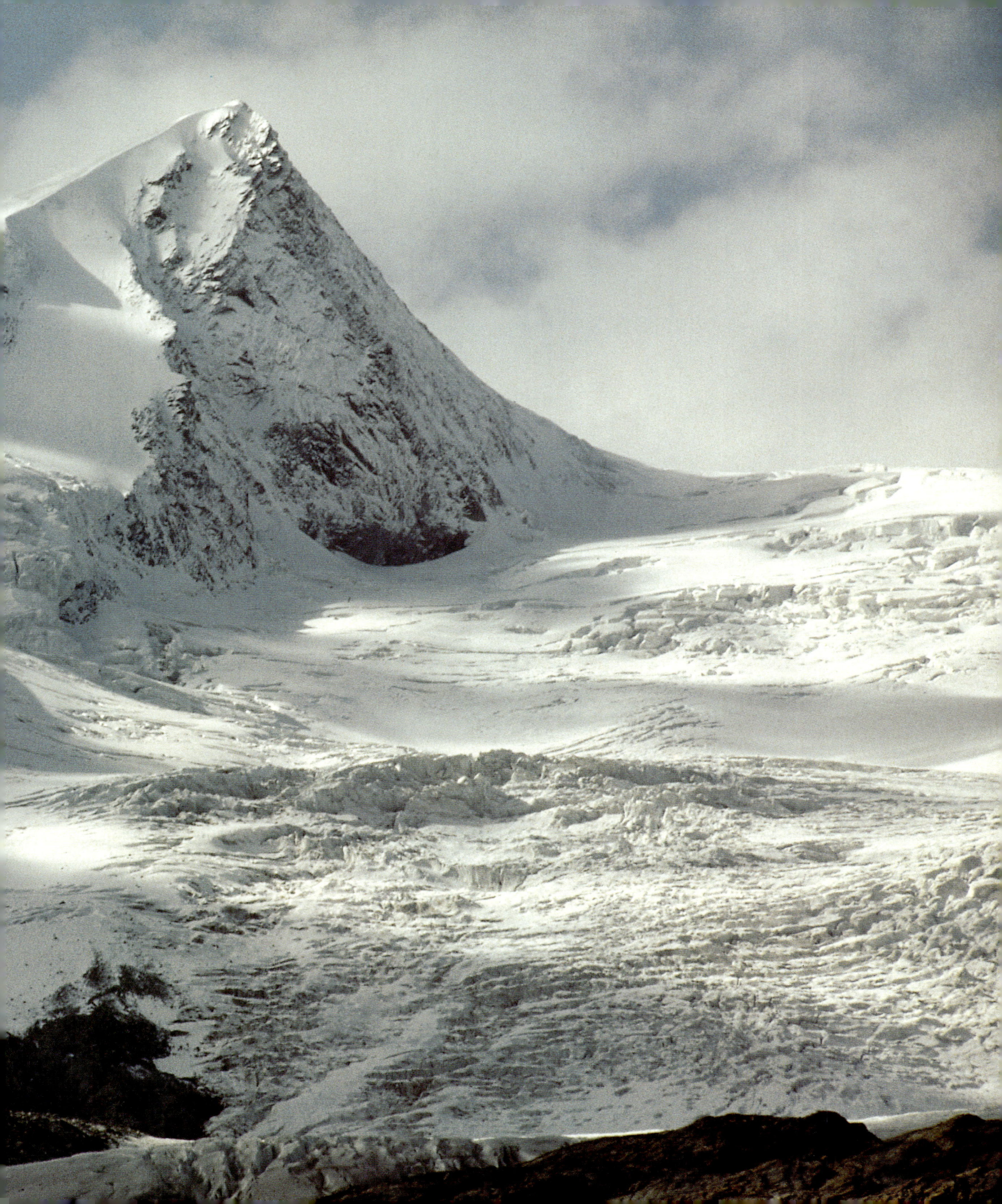

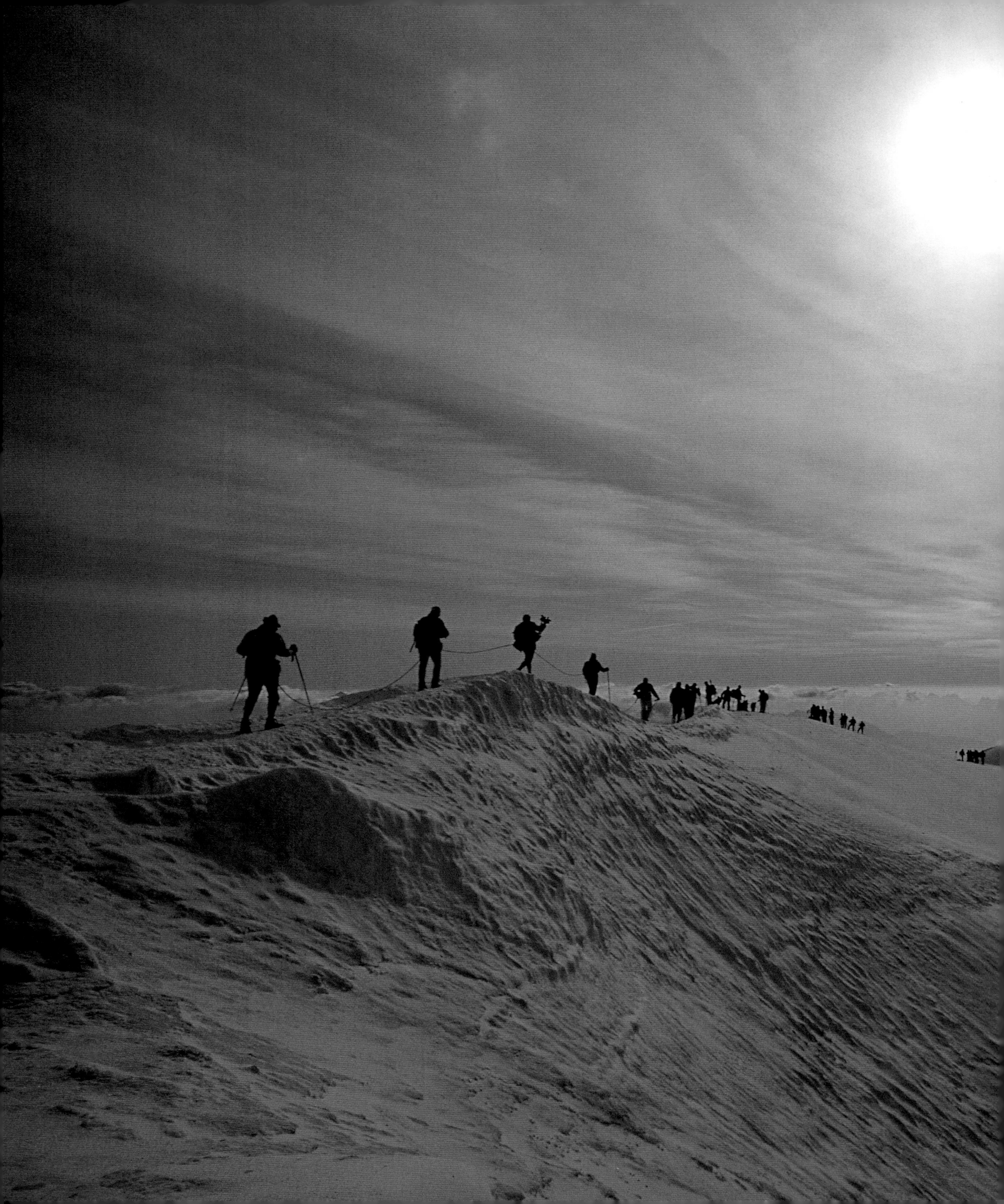

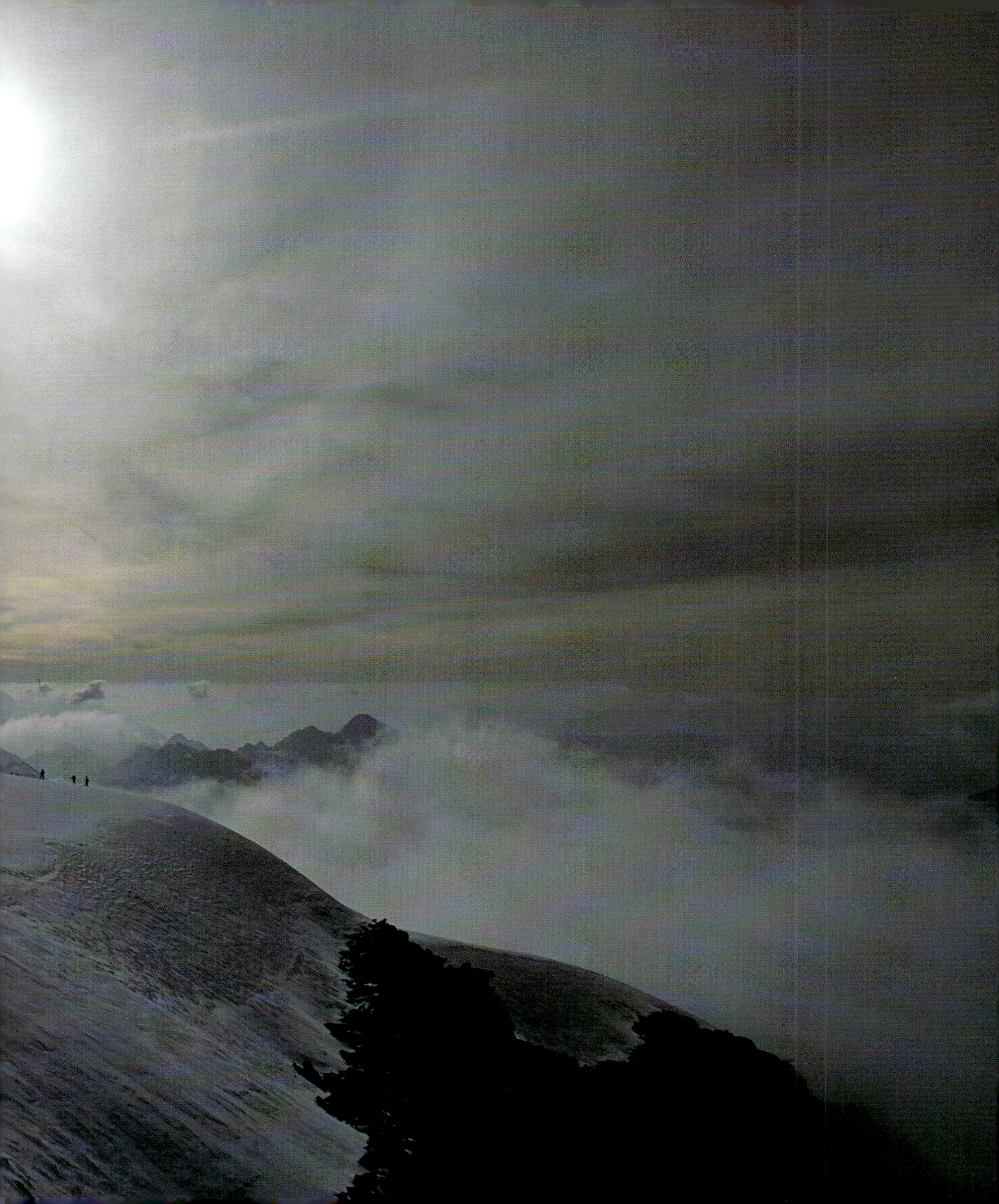

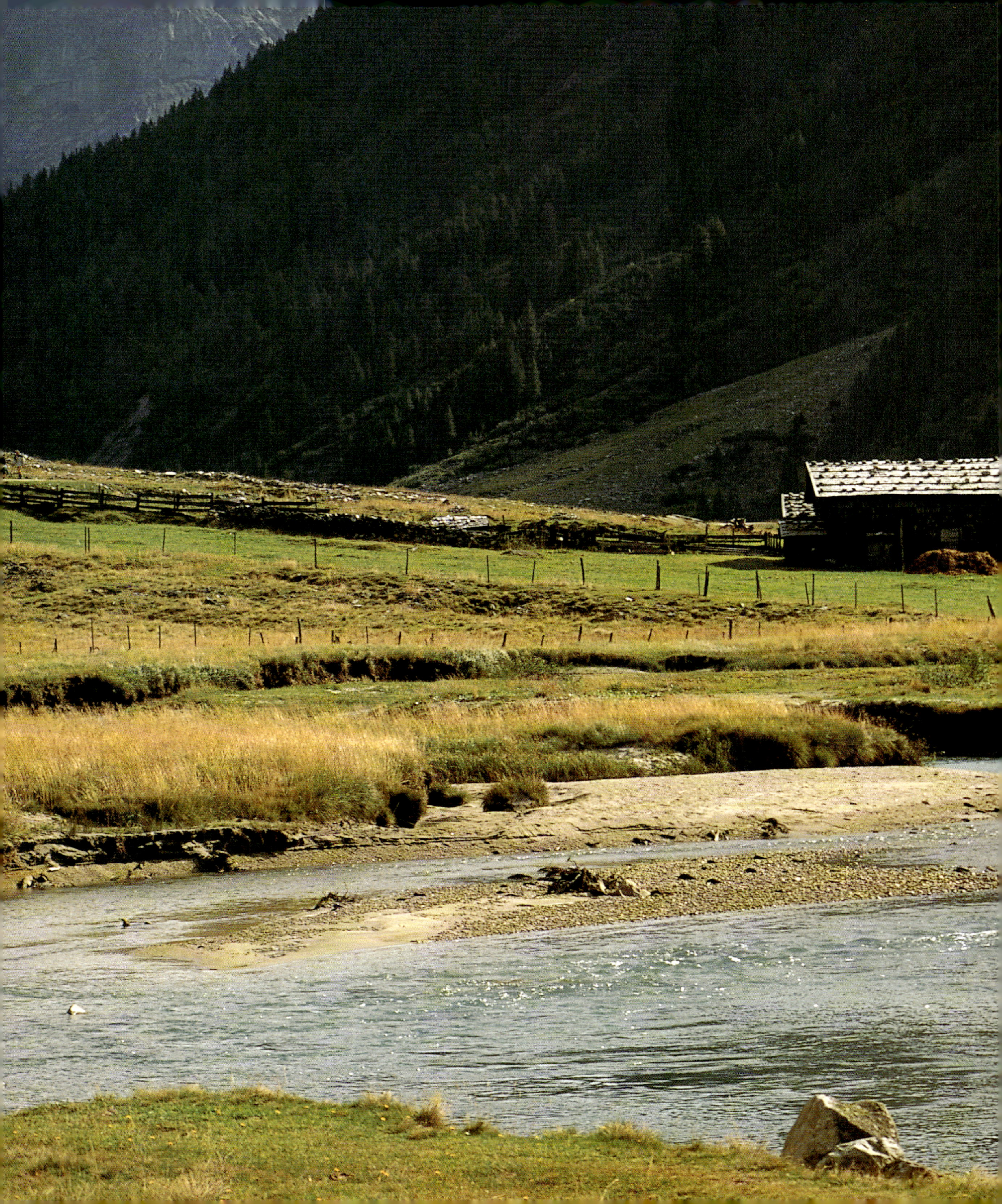

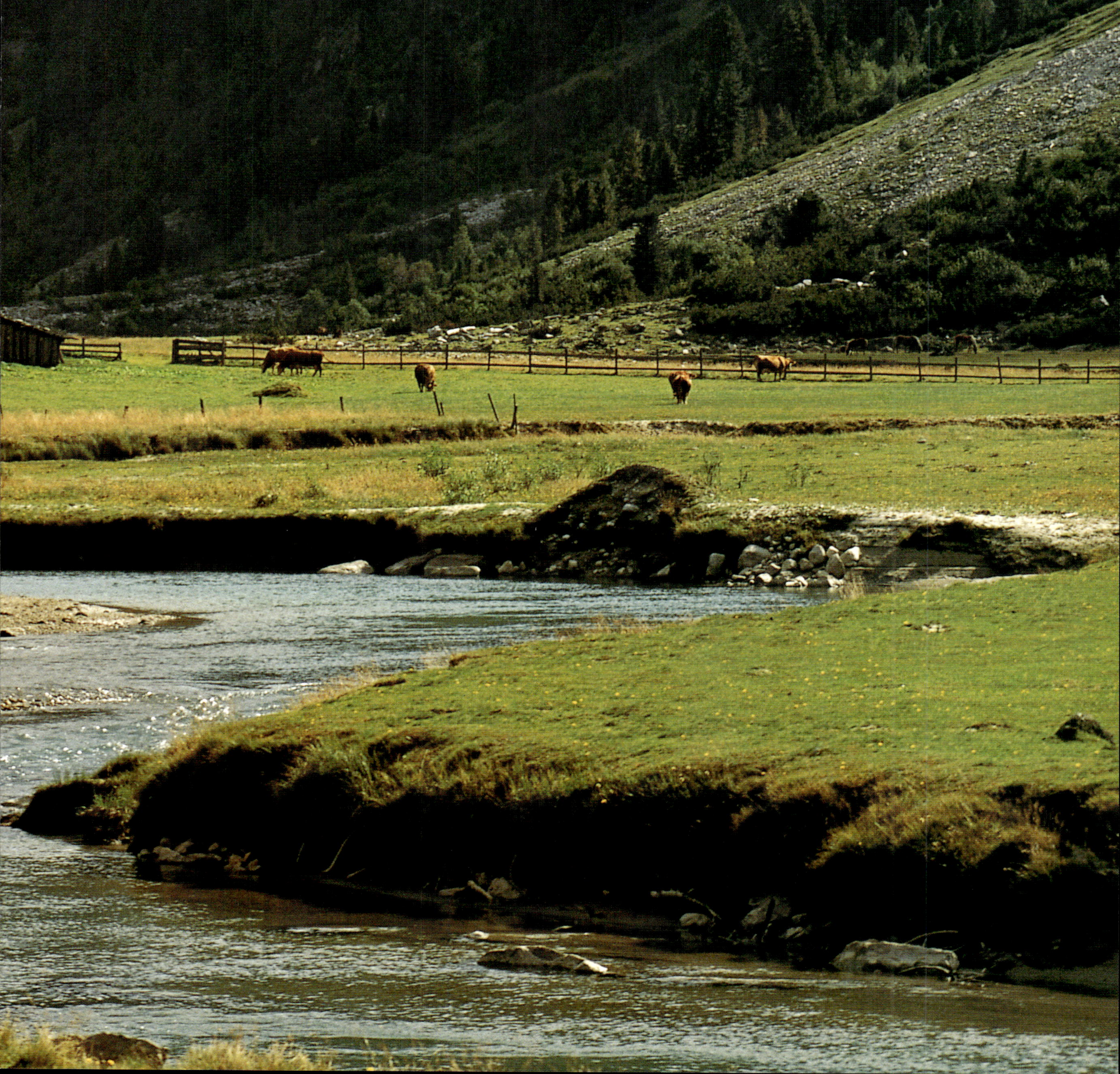

„Ein einziger Tag auf hohem Berge bringt in das gewöhnliche Leben eine frohere und reichhaltigere Abwechslung als die buntesten Vergnügungen im Thale." Die Erkenntnis, die der Bergsteiger und Theologe Peter Carl Thurwieser vor gut hundert Jahren zu Papier gebracht hat, hat auch im Zeitalter der Charterflugreisen und virtuellen Computerwelten noch ihre Gültigkeit. Die Bilder auf den Seiten 122–125 zeigen – einmal aus Distanz, einmal aus großer Nähe – den Gipfel des Großvenedigers.

Ob beim gemütlichen Plausch während des Almabtriebs im Hollersbachtal oder, wie auf der vorhergehenden Doppelseite, am Schluß des Krimmler Achentals – in dieser Atmosphäre können Körper und Seele ungeahnte Energien tanken.

DER GIPFEL DER NATÜRLICHKEIT

RUND UM DEN GROSSVENEDIGER

Milarit, Bertrandit, Aquamarin und Pyrit, Phenakit, Sphen, Chlorit, Adular, Turmalin, dazu jede Menge lupenrein klarer Bergkristalle, Rauchquarze und Smaragde ... Wenn Alois Steiner vor den Vitrinen seiner Mineraliensammlung aufmerksamen Besuchern die Geheimnisse einzelner Schätze enthüllt, glänzen seine Augen mit dem bunten Meer von Kristallen hinter den Scheiben um die Wette. Der vitale Mitfünfziger gilt in seinem Heimatort Bramberg, der heimlichen Hauptstadt der Salzburger Gemmologen-Gemeinde, in allen Belangen der Edelsteinkunde als unbestrittene Autorität. Auf seinen – am Eingang zum Habachtal stolz über dem Salzachboden thronenden – Hof kommen Kenner aus halb Europa, um die mineralischen Kostbarkeiten zu bestaunen und das eine oder andere Stück zu erstehen.

Wie schon sein Vater, der 1910 als ‚Hiaterbua' zu sammeln begann und kürzlich erst als über Neunzigjähriger starb, geht Steiner die ganze schneefreie Saison über mindestens dreimal in der Woche zum „Klauben" in die Berge. Ausgerüstet ist er dabei mit Hammer, Meißel, Strahlerpickel und dem sogenannten Lassenhakl: einem Drahthaken, mit dem Gesteinsstufen leichter aus der ‚Lassen', der Kluft, hervorzuholen sind. Zudem veranstaltet er sommers regelmäßig Führungen ins Habachtal, deren Teilnehmer dann in der Leckbachrinne, unterhalb des Graukogels, im Geröllkegel des legendären, längst stillgelegten Smaragdbergwerks Splitter des begehrten grünen Steins suchen und mit etwas Glück gelegentlich sogar finden können.

„Der Bursch, der Berg, der Wein, der Stein – die g'hörn z'samm", pflegt Steiner in breitem Pinzgauerisch zu sagen. Und ein leises Bedauern um das Verschwinden dieser alten ‚Stoasuacher'-Herrlichkeit ist dabei nicht zu überhören. Seit dem vorigen Jahrhundert, erzählt er, als das Mineraliensammeln in Mode kam, hätten die Strahler, wie die professionellen Sammler im Fachjargon heißen, das Recht zur Ausübung ihrer Tätigkeit niemals juristisch verbrieft gehabt. Vielmehr sei es durch ein Gentlemen's agreement mit den Grundbesitzern garantiert gewesen. Nun, seit der Schaffung des Nationalparks, benötige man dazu eine behördliche Genehmigung. Über jedem Sammler schwebe damit ständig das Damoklesschwert, für irgendwelche Gesetzesübertretungen belangt zu werden. Und das Heraussprengen großer Funde mittels Dynamit, das allerdings echte Steinesucher immer schon lediglich in Ausnahmefällen praktiziert hätten, sei überhaupt strengstens verboten. Gerade 140 solcher Lizenzen seien gegenwärtig noch ausgestellt. Da jedoch die alten Kollegen nach und nach wegsterben und die Jugend lieber in die Disco als in die Berge gehe, nehme ihre Zahl unweigerlich ab. Und so gebe es bei der jeweils im März im Senningerbräu in Bramberg stattfindenden Leistungsschau der Pinzgauer Sammler von Jahr zu Jahr immer weniger Spektakuläres zu sehen. Und das obwohl der Steinehandel international – was allein die vielen neuen Sammlerbörsen in den Großstädten zeigten – einen Boom erlebe.

Ein Bruder Steiners im Geiste ist Andreas Kammerlander. Ihm hat es besonders der in dieser Gegend blaugrün bis hellblau schimmernde Fluorit oder Flußspat, das sogenannte Mineral des Regenbogens, angetan. Tagsüber schnitzt er in seiner Schau-

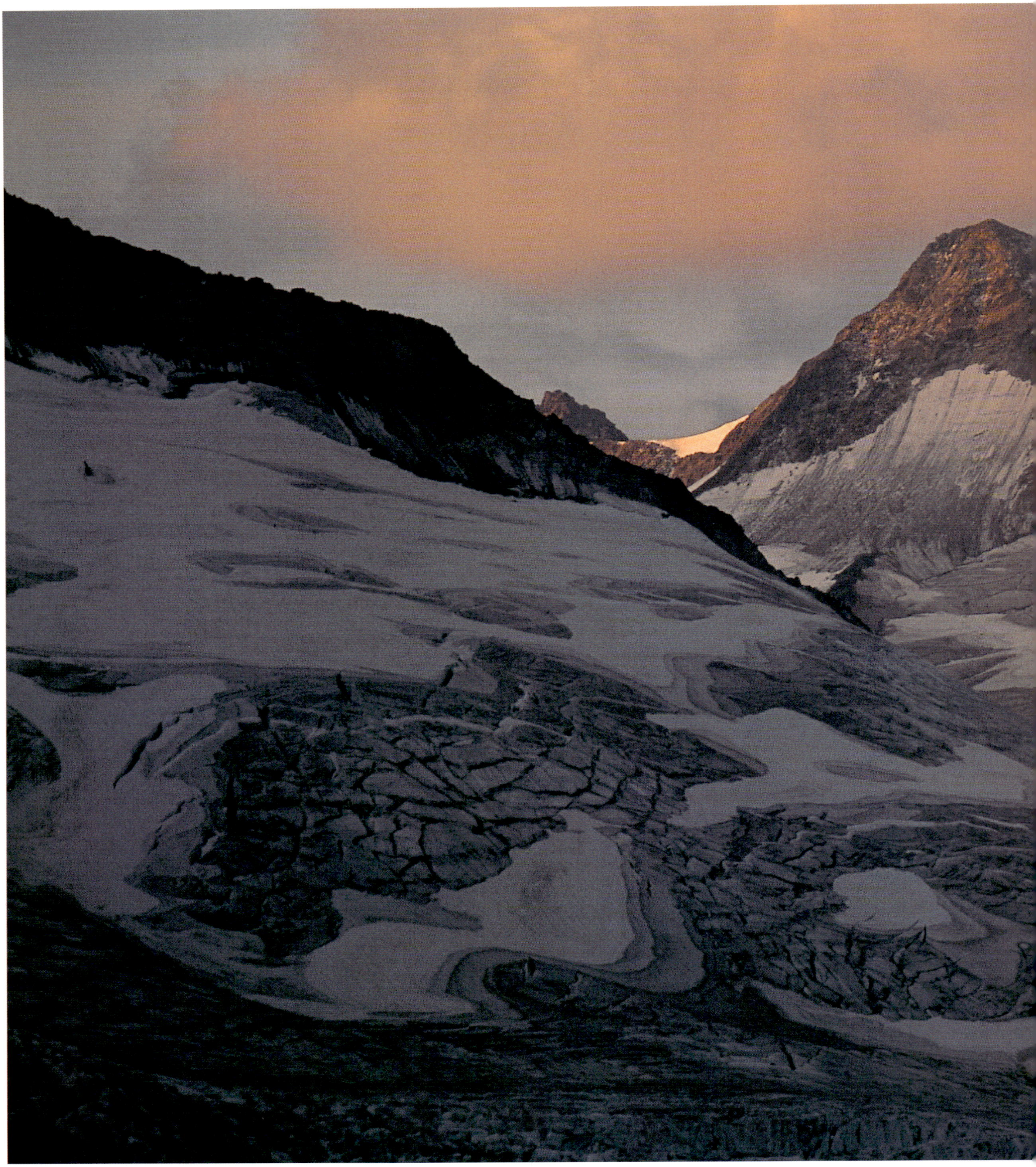

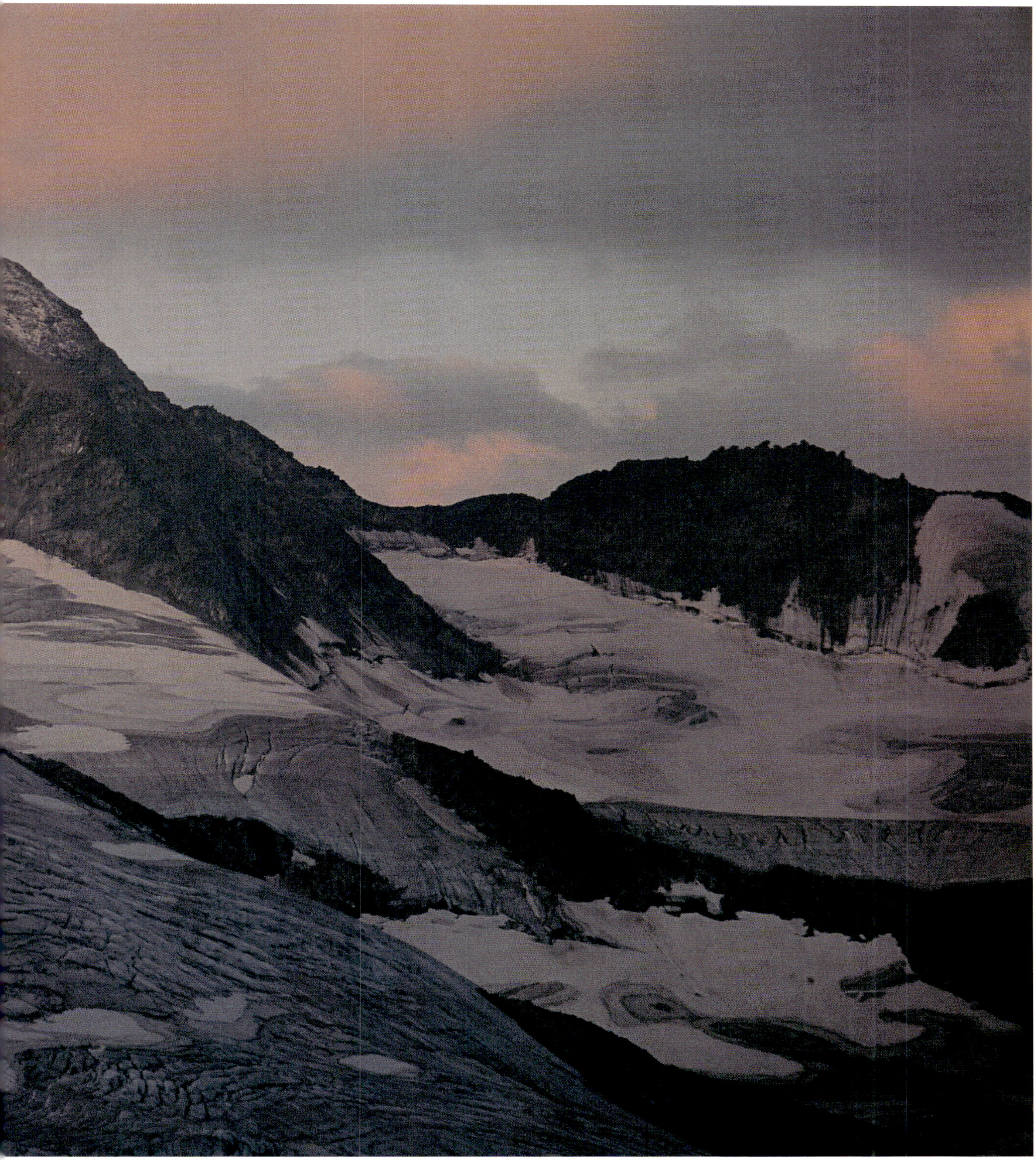

werkstatt in Wald gruselige Perchtenmasken, hold blickende Heiligenfiguren und allerlei Krimskrams, den Touristen für authentisch und urig halten. Seine Freizeit jedoch verbringt er mit Gleichgesinnten im Berg, genauer: im sogenannten Rehrköpfl, unweit des Zusammenflusses von Salzach und Krimmler Ache. Dort, am Fuße einer kürzlich entdeckten keltischen Ringwallanlage, reaktiviert er gemeinsam mit den sieben anderen Mitgliedern des ‚Mineralienvereins Wald im Pinzgau' seit 1988 einen kleinen, alten Fluoritstollen: erweitert und pölzt bestehende Gänge und Schächte, treibt auf der Suche nach Adern und Klüften neue in den Fels, hilft Experten vom Naturhistorischen Museum und der Universität in Wien bei deren Kartierung und wissenschaftlichen Erfassung und zeigt dieses Schaubergwerk während des Sommers zweimal wöchentlich Urlaubergruppen.

Wie all die Minerale in die Hohen Tauern kamen, ist eine lange, aber doch in wenigen Sätzen zu erzählende Geschichte. Sie beginnt vor ungefähr hundertfünfzig Millionen Jahren, im Erdmittelalter. Der Urkontinent war damals bereits in mehrere Landplatten auseinandergebrochen, das gesamte Gebiet Eurasiens von einem Meer, der Tethys, bedeckt, und das neu entstandene Afrika begann, auf die nördlich gelegene Krustenmasse zu drücken. Dies führte dazu, daß sich das alpine Meeresbecken hob und diverse Gesteinsschichten übereinander geschoben und aufgefaltet, andere wiederum zerspalten und tief in den Erdmantel versenkt wurden. Im Bereich der heutigen Hohen Tauern, der Zillertaler und teilweise auch der Tuxer Alpen, also einem etwa 160 Kilometer langen und 30 bis 40 Kilometer breiten Gebirgsstreifen, entstand im Zuge dieser ungeheuren Verwerfungen in der obersten geologischen Decke ein Loch, das sogenannte Tauernfenster, durch das weit tiefer gelagerte und ältere Schichten, vor allem altkristalline Schiefer, Serpentinite, Gneise und Granite, an die Erdoberfläche gelangten. Dabei kamen – Kenner der Materie mögen die simple Art der Erklärung solch komplexer Vorgänge verzeihen – zwei ursprünglich nebeneinander gelagerte Deckenstapel, von denen jeder Hunderte von Millionen Jahren an höchst bewegter Erdgeschichte hinter sich hatte, übereinander zu liegen. Und zwar nicht etwa säuberlich in einzelne Zonen geschichtet,

Rund um den Grossvenediger

„Zwei- oder dreitausend Meter genügen, und unsere Weltgeschichte ist aus," notierte Max Frisch 1946 bei einem Flug über die Alpen. Es ist seltsam, aber angesichts solch grandioser Szenerien wie sie der Photograph beim frühmorgendlichen Aufstieg zum Großvenedigergipfel festhielt (siehe vorhergehende Doppelseiten) nur allzu verständlich, daß der Mensch des 20. Jahrhunderts in dieser unwirtlichen Welt aus Fels und Eis nicht so sehr eine Bedrohung denn eine sportliche Herausforderung und eine Möglichkeit zur Begegnung mit Gott sieht.

Zu den anheimelnden Traditionen des „Land inner Gebirg", wie die Flachland-Salzburger die Tauerntäler zu nennen pflegten, zählt zweifelsohne das ‚Hoagaschten' – das gesellige Zusammensitzen, Scherzen, Lachen und Erzählen von wahren und beinahe wahren Geschichten. Wobei die Charakteristika der örtlichen Innenarchitektur – rustikale Tische und Bänke, kunstvoll mit Schnitzwerk verzierte Decken und mit Zirbenholz vertäfelte Wände – der Gemütlichkeit erheblich zugute kommen (Oben in den Bildern: die Kürsingerhütte am Fuß des Großvenedigers von außen und innen).

Zwei Klassiker aus dem Land der edlen Steine: Siliciumdioxid in seiner klarsten und wohl auch schönsten Form, genannt Bergkristall (oben), und die edle, dank seines Chromoxids grüne Variante des Minerals Beryll, genannt Smaragd.

sondern immer wieder verfaltet, durch zahlreiche Metamorphosen umgewandelt und wirr vermengt. All diesen gewaltigen Prozessen verdanken die Pinzgauer die enorm bunte Vielfalt an Gesteinen und die reichen Erz- und Minerallagerstätten ihrer Heimat.

Als die tektonischen Kräfte allmählich nachließen, setzten umso stärker die erosiven ein. Es waren vor allem die Gletscher der Eiszeit, die den Gipfeln, Tälern und Höhenrücken, wie wir sie heute vor uns haben, ihre endgültige Form verliehen. Wobei die gegenwärtigen Gletscher (oder auch Keese wie sie, abgeleitet vom althochdeutschen Begriff für ‚Eis' oder ‚Kälte', auf gut Österreichisch und Bayrisch heißen), so eindrucksvoll sie uns auch erscheinen mögen, nichts als Überbleibsel ihrer vor 15–20.000 Jahren aktiven Ahnen sind. Damals stellte das gesamte Massiv der Hohen Tauern das Nährgebiet für eine geschlossene Gletscherfläche dar, die sich bis in die Po-Ebene, zum Bodensee, in den Raum von München, Linz und Klagenfurt erstreckte. Nur die allerhöchsten Bergspitzen und Grate ragten aus dem Eismeer, das, wie etwa der Gletscherstrom im Salzachtal, eine Dicke von über 2.500 Metern erreichte.

Trogtäler, Wannen, End- und Seitenmoränen, Rundhöcker, Kare, Karlinge, Gletscherschliffe, Gletschertöpfe – der glaziale Formenschatz, den das Eis, sein Schmelzwasser und die von ihm mitgeführten Felsbrocken aus dem Gestein geschürft, geschmirgelt, gewaschen oder aufgehäuft haben, ist überaus reich und prägt bis heute das Erscheinungsbild dieser archaischen Landschaft. Ein Musterbeispiel für ein ursprüngliches Kerbtal, das durch einen eiszeitlichen Gletscher an seinem Boden verbreitert und vertieft worden ist und so zum U-förmigen, in einer Steilstufe zur Salzach hin endenden Trogtal wurde, ist das als Smaragdfundstätte bereits erwähnte Habachtal. Es verfügt, gleichsam wie im Lehrbuch vorgesehen, über einen klassischen Karsee, eine Reihe tosender Wasserfälle, einen von Zirben durchsetzten Lärchen-Fichtenwald, der auf circa 1.900 Metern Seehöhe in alpine Rasen übergeht. Die feuchten Steilhänge im Talinneren sind weitflächig von Grünerlengebüschen und Hochstaudenfluren bewachsen. An einer Stelle findet sich sogar ein von Wollgras und Schwarzseggen, einer seltenen Sauergrasart, durchwachsenes Niedermoor. Und mit dem

Der Bramberger Mineralien-Experte Alois Steiner stemmt ein selbstgefundenes Prachtexemplar von einem Bergkristall. Wer ihm beim Fachsimpeln zuhört und dabei in seine Augen blickt, verspürt noch das Feuer der Leidenschaft, das in jedem echten „Stoasuacher" lodert, in der heute jungen, komfortgewöhnten Generation allerdings zu erlöschen droht.

Das aus Holz geschnitzte Kruzifix über dem Herrgottswinkel gehört zu jeder Pinzgauer Stube wie das Amen zum Gebet. Dieses von einer Muttergottes und vier Maiskolben flankierte Exemplar erwartet Gäste im Krimmler Tauernhaus, jenem wunderbar archaischen Gebäude, das schon vor mindestens 600 Jahren Reisenden und Tauernwanderern im hinteren Achental als „Taferne" und Gästehaus diente.

Habach-Kees bietet es, obwohl dieses – wie 98 Prozent aller Gletscher der Ostalpen – in den letzten Jahrzehnten rapide zurückgeschmolzen ist, einen besonders imposanten Abschluß.

Modellcharakter hat das Habachtal freilich nicht nur hinsichtlich seiner natürliche Beschaffenheit. Es besitzt mit der sogenannten Moar Alm, gelegen etwa auf halbem Weg zwischen Klamm und Talschluß in 1.400 Meter Höhe, auch über eine Art landwirtschaftlichen Vorzeige-Betrieb. In Filmreportagen, auf Werbeplakaten und für Journalisten – die beiden Hütten mit ihren steinbeschwerten Dächern, den winzigen Fenstern, den wuchtigen, wettergegerbten Türpfosten und dem hölzernen Wasserrad, das bei Bedarf den Rührkübel zum Buttermachen antreibt, sind stets begehrte Motive beziehungsweise Anlaufpunkte.

Was freilich weit mehr zählt als das urtümliche Äußere, ist die Tatsache, daß Thomas Nindl, der Besitzer dieses Idylls, den Betrieb nach alter Sitte aufrechterhält. Der Jungbauer, der unten an der Salzach einen Hof mit dreißig Hektar Grund sein eigen nennt, hat hier an der Baumgrenze nahe dem ewigen Eis alljährlich von Anfang Juni bis Ende September rund dreißig Kühe und vierzig Stück Jungvieh stehen. Er flickt eigenhändig die Löcher im hölzernen Legschindeldach, stapelt jeweils im Herbst entlang der Hüttenwände den Holzvorrat für das kommende Jahr auf und hält auch sonst Gerätschaft und Bausubstanz penibel in Ordnung. Die Alltagsarbeit erledigen den Sommer über zwei Sennerinnen für ihn.

Wanderer, die diese beiden jungen Frauen, für die der Tag hier oben zu einer Stunde beginnt, zu der in den Großstädten die Nachtschwärmer gerade erst in die Betten fallen, bei ihrer Arbeit beobachten: Etwa beim Käsemachen, wenn sie in der rußgeschwärzten Kammer unter den riesigen Kupferkesseln ein Feuer entfachen, darin die Magermilch mittels Lab in Topfen verwandeln, diesen dann mit selbstgeschnitzten Sprudlern schlagen, kneten, in hölzerne Reifenformen pressen und die solcherart fertiggestellten Käselaibe schließlich nach alter Rezeptur mit Salz einreiben. Wanderer also, die über Jahrhunderte unverändert gebliebene Handlungen wie diese mitverfolgen, könnten glauben, hier heroben sei die Welt seit alters und für alle Zukunft heil. In Wahrheit war das Almwesen im gesamten Gebiet

*Alt und Neu auf Pinzgauerisch: Am Beispiel dieses in der Nähe von Krimml gelegenen Hofes läßt sich gut erkennen, wie hierzulande die Ästhetik der alten – und in dem rauhen Klima bestens bewährten – Architektur auch bei Neubauten berücksichtigt wird.
Die folgende Doppelseite zeigt eine für die Gegend ziemlich atypische Trophäe – nämlich die eines kanadischen Elchs – im Jagdschloß von der Recke.*

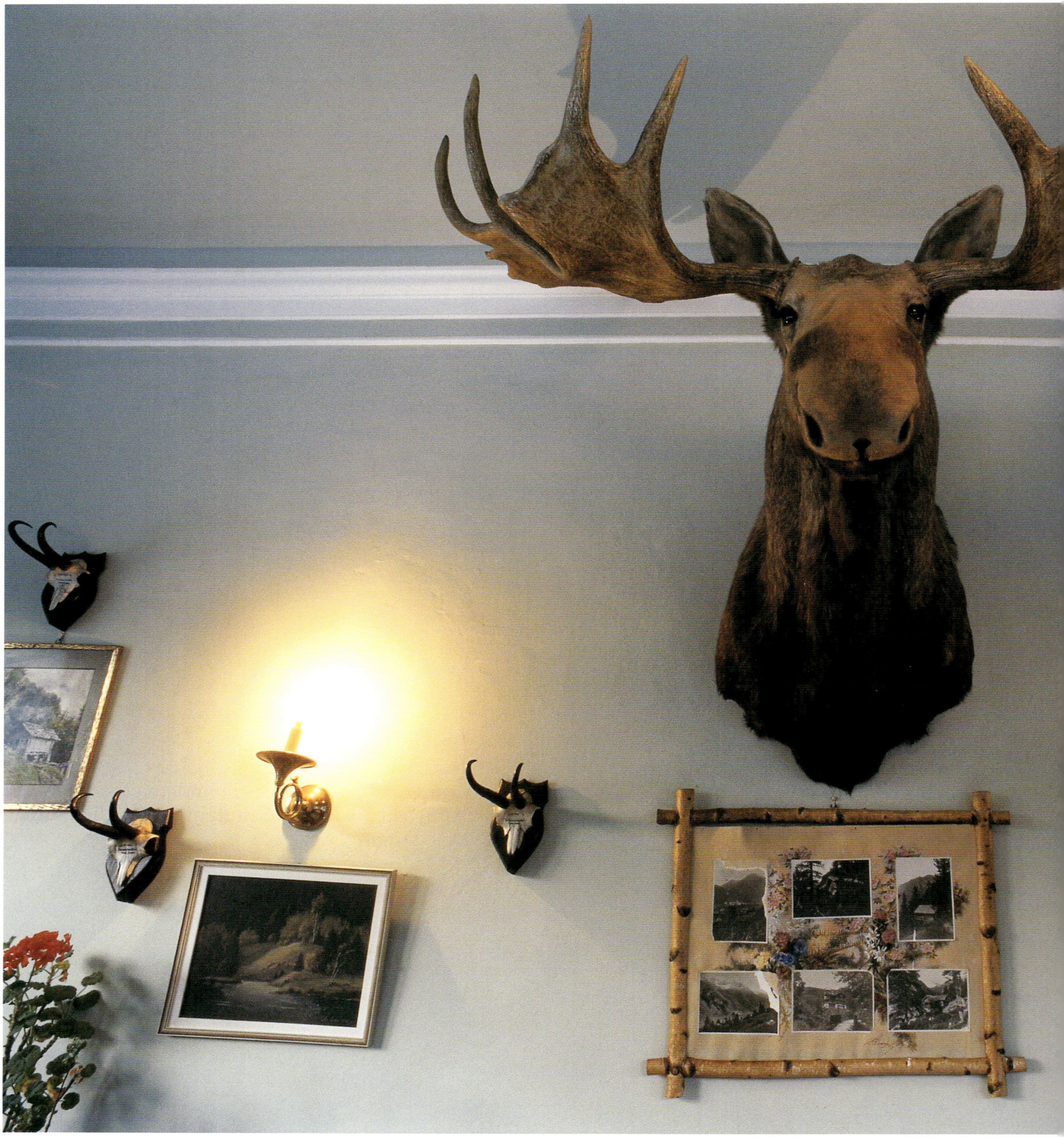

der Hohen Tauern noch vor zwanzig Jahren akut gefährdet. Die Hochalmen auf über 2.000 Meter hatte man damals schon zur Gänze aufgelassen. Und auch von den tiefer gelegenen war ein Drittel verwaist. Zu aufreibend waren den Bauern die damit verbundenen Pflichten geworden, und zu kostspielig waren ihnen die Löhne und Sozialversicherung der Sennerinnen.

Der Gesinnungswandel kam in den siebziger Jahren: Damals wurden zu vielen der Almen Zubringersträßchen gebaut. Mit einem Mal war es möglich, frühmorgens und abends auf der Höhe das Vieh zu betreuen und dazwischen im Tal den Hof zu bestellen. Etwa zur gleichen Zeit erließ man ein Gesetz, das auf Almen produzierte Milch von der sogenannten Richtmengenregelung ausnahm, also die unbegrenzte Lieferung an die Verarbeitungsbetriebe erlaubte. Außerdem sah es für jede Kuh, die der Landwirt statt im Tal auf dem Berg grasen ließ, eine Extraprämie vor. Seither sind wieder deutlich mehr Almen bemannt.

Als allerdings in genau diesen Jahren die Pläne zur Errichtung des Nationalparks Gestalt annahmen, wurden die örtlichen Bauern unruhig, befürchteten sie doch künftige Behinderungen bei der Betreuung der Almen. Um an der Ausarbeitung und auch Durchführung des einschlägigen Gesetzes mitwirken zu können, schlossen sie sich zu einer ‚Schutzgemeinschaft' zusammen. Erst als die Landesregierung 1983 entschied, fürderhin die Pflege von Almwiesen und -weiden, den Viehauftrieb und Wegebau sowie die stilechte Renovierung alter Wirtschaftsgebäude finanziell gesondert zu belohnen und zur Unterstützung des Fremdenverkehrs sogar die Almgasthäuser und Schutzhütten in die Förderungen miteinbezogen wurden, beruhigten sich nach und nach die Gemüter.

Was die Chancen vieler Pinzgauer Bergbauern – allen Kassandrarufen und tatsächlichen durch die EU oder den GATT bedingten Unbilden zum Trotz – im allgemeinen deutlich gehoben hat, war die Umstellung auf biologisches Wirtschaften. Etliche von jenen, die ausschließlich natürliche Dünge- und Futtermittel verwenden, ihr Vieh in der warmen Jahreszeit auf die Weide treiben und auch sonst ökologisch möglichst bewußt agieren, haben sich zu einer Arbeitsgemeinschaft vereint. Diese verleiht den

Bisweilen stößt man in den Tauerntäler auch auf Tierarten, die man beim besten Willen nicht als autochthon bezeichnen kann – etwa auf das Mufflon-Schaf (im Bild: ein schöner Widder mit mächtiger Schnecke und der charakteristischen weißen Schabracke im Wildgehege von Bucheben im Raurisertal) oder im Wildpark Ferleiten im Fuscher Tal auf einen Bison.

naturnah erzeugten Nahrungsmitteln – Rind- und Lammfleisch, Milch, Butter, Käse, Gemüse, Getreide und Obst – ein von Behörden streng kontrolliertes Qualitätssiegel und vermarktet sie mit stetig wachsendem Erfolg zum Teil sogar schon in Supermarktketten und jenseits der Landesgrenzen.

Dieser Agrarverbund ist, und dies stimmt überaus zuversichtlich, nur eine von vielen zukunftsorientierten Initiativen in der Nationalpark-Region. Da gibt es beispielsweise die Hollersbacher, die für den französischen Kosmetikpapst Yves Rocher Heilkräuter ziehen und zur Freude ihrer Gäste neben dem Klausnerhof in einem eigenen Schaugarten fünfhundert seltene Sorten zum Bestaunen und Beschnuppern gepflanzt haben. Oder die Frauen des in Bramberg beheimateten Vereins ‚Salzburger Wollstadel', die mittlerweile dreizehn Tonnen örtlich hergestellter Schafwolle pro Jahr nähend, filzend, strickend und spinnend zu Hüten und Handschuhen, Pullovern und Polstern, Westen, Socken und Pinzgauer Doggeln, den unverwechselbaren Filzpantoffeln, verarbeiten. Ebenfalls in Bramberg pflanzt man im Rahmen eines Pilotprojekts neuerdings Flachs, um ihn in der Region wieder heimisch zu machen; und das durch mühsames „Ausraufen" (Ernten), „Harpfen" (Trocknen), „Riffeln" (Kämmen), „Brecheln" (Säubern von verholzten Teilen) und „Haspeln" (Winden zu Strähnen und Drehen zu Zöpfen) gewonnene Leinengarn wird von einem Südtiroler Modeschöpfer bereits zu schicker Kleidung verarbeitet. Zwei Tischler, ein Kunstschmied und ein Designer fertigen im Team, genannt ‚Tauernraum', aus durchweg heimischen Materialien neuartige Gebrauchsmöbel an, die, ohne ihre rustikale Herkunft zu verleugnen, statt der üblichen Schnitzschnörkel eine feine, mit wenigen raffinierten Details angereicherte Schlichtheit besitzen und, geht es nach dem Willen ihrer Hersteller, längerfristig im Sinne einer ‚Alpinen Moderne' stilbildend wirken sollen. Daneben sind Biohotels wie etwa das Musterprojekt ‚Nationalparkhotel Felben' in Mittersill und Vollwertrestaurants wie der ‚Kaltenhauser' in Hollersbach, in denen ausschließlich gesunde Produkte aus der Gegend auf dem Teller landen, entstanden.

Die Impulse für viele dieser Initiativen stammen aus dem geistigen Wirkungskreis des Vereins ‚Tauriska'. Dieser wurde 1986 gegründet, um, wie seine Mitglieder von sich fordern, „die kulturelle, geistige und wirtschaftliche Entwicklung der Region zu fördern; um Altes, Vergessenes wiederzuentdecken und zu beleben, aber gleichzeitig auch neue, zeitgenössische Kulturinitiativen und Talente zu finden". Die Renaissance des echten Pinzgauer Girschtenzauns und der Lärchenschindel, der Mühlen und des handgeschnitzten Holzspielzeugs, ja der traditionellen bäuerlichen Architektur und Handwerkskunst im Nationalparkgebiet schlechthin, ist wesentlich ihm zuzuschreiben. Ebenso die Wiederentdeckung verlorengegangenen Wissens um die Wurzeln örtlicher Märchen und Sagen, um die Wirkung bodenständiger Heilpflanzen und geomantischer Orte. Zugleich veranstaltet aber der Verein, dessen Präsident bis zu seinem Tod 1994 der weltberühmte Philosoph und unermüdliche Prediger des Prinzips „Small is beautiful", Leopold Kohr, gewesen ist, regelmäßig Zukunftssymposien, an denen die Creme de la creme der Futurologen – von Robert Jungk über John Papworth bis zu Erwin Chargaff – teilzunehmen pflegt.

Seinen Sitz hat der Verein ‚Tauriska' im Kammerlanderstall in Neukirchen, einem aufwendig renovierten Juwel von einem Stall aus dem 17. Jahrhundert. Von hier aus haben Susanna und Christian Vötter-Dankl, die beiden umtriebigen Geschäftsführer und guten Seelen des Vereins, über die Jahre Hunderte von Lesungen, Vorträgen, Diskussionen, Märchennachmittagen und Musizierabenden veranstaltet, haben Gleichgesinnten beim Start diverser Projekte organisatorisch unter die Arme gegriffen und deren Pläne und Erfolge in der vereinseigenen Zeitschrift öffentlich gemacht. Hier verkaufen sie auch die Produkte des regionalen Kunsthandwerks, die ihren strengen Kriterien von unverwechselbarer Originalität und Nachhaltigkeit entsprechen. Und hier präsentieren sie in einem Nebenraum stolz rund ein Dutzend jener avantgardistisch anmutenden, mechanischen Figurenspiele, die der aus Italien stammende Neukirchener Holzknecht Thomas Felix de Martin Pinter alias ‚Steinberg-Thoma' aus Schnitzholz, aber auch aus Reißnägeln, Drähten, altem Stoff, Blechteilen, Knöpfen, Ketten und Schrauben fabriziert hat.

Daß dieses innovative Kraftzentrum just in Neukirchen beheimatet ist, kommt im übrigen nicht von ungefähr. Dessen ebenso weitsichtiger wie umtrie-

Durchaus bodenständig sind hingegen die Damhirsche, die zu jagen sich bis heute – sehr zum Groll prinzipientreuer Naturschützer – manch vermögender Gast aus dem Flachland Beträchtliches kosten läßt. Und geradezu lebendige Wahrzeichen der Region und beliebte Exportartikel sind die Rinder der Pinzgauer Rasse mit ihrer charakteristischen weißen Zeichnung.

Die Moar Alm am Schluß des Habachtals: In den späten siebziger Jahren noch waren Hochalmen wie diese in der Regel aufgelassen und auch tiefergelegene Gehöfte vielfach verwaist. Doch seither hat sich dank des Sinneswandels der meisten Bergbauern und deren unermüdlichem Einsatz, aber auch dank gesetzlicher Förderungen vieles zum Besseren gewandelt. So wurde etwa der Wert von Legschindeldächern, hölzernen Girschtzäunen und Quellfassungen wiederentdeckt.

Thomas Nindl, der Besitzer der Moar Alm, mit den Utensilien zum Käsemachen. Der Kupferkessel und der handgeschnitzte „Sprudler" sind hier oben nicht museale Schaustücke, sondern Gebrauchsgegenstände einer traditionsbewußten Gegenwart. Im Sommer fabrizieren die Sennerinnen mit ihrer Hilfe Tag für Tag nach altem Rezept aus Milch und Lab gewaltige Käselaibe.

Blühende Wiesen wie diese in Neukirchen sind Beweis für eine noch intakte, vielfältige Pflanzenwelt, die nicht durch Herbizide „vergrünt" wurde und der Milch der hier weidenden Kühe einen unvergleichlich würzigen Geschmack verleiht. Unteres Bild: einer der Traditionsgasthöfe des Oberpinzgaus – das rund 600 Jahre alte „Senningerbräu" in Bramberg.

biger Bürgermeister Peter Nindl verstand bereits in den frühen achtziger Jahren, damals noch blutjung, die Zeichen der Zeit: Er schuf im Kern seiner 2.500-Einwohner-Gemeinde, die sich, trotz größeren Potentials, aus sozial- und umwelthygienischen Gründen bei 70.000 Übernachtungen pro Jahr freiwillig ihre touristische Schmerzgrenze zog, eine verkehrsberuhigte Zone; rüstete die Liftanlagen auf dem Wildkogel, dem Hausberg der Neukirchener, auf Solarbetrieb um; förderte die örtliche Kultur und die Umstellung der Landwirtschaft auf „nachhaltige" Techniken; und er machte sich auch sonst zu einem der aktivsten Fürsprecher der Nationalparkidee. So war es nur konsequent, daß schließlich auch die Verwaltungsbehörde des Nationalparks auf Dauer in seinem Ort Quartier bezog.

Dieses Neukirchen verdient freilich nicht nur als jener Ort eigens Erwähnung, in dem die Menschen außergewöhnlich bewußt mit einem Fuß in der Vergangenheit, mit dem anderen in der Zukunft und dennoch mit beiden Beinen im Leben stehen. Neukirchen genießt, was schon in seinem Beinamen – ‚am Großvenediger' – anklingt, auch unter Bergsteigern einen speziellen Ruf. Denn von hier aus brechen sie, je nach Geschmack durch das Unter- oder das Obersulzbachtal, zum Sturm auf den mit 3.674 Metern zweithöchsten Gipfel im Nationalparkgebiet und den höchsten des Salzburger Landes auf. Diese weitflächig von Gletschern glasierte „weltalte Majestät", deren gefahrvolle Erstbesteigung durch „den Mittersiller Pfleger Ignaz von Kürsinger, den Wiener Juristen Anton von Ruthner, den kühnen Gemsenjäger Christian Rieß, den pensionierten k.k. Revierförster Paul Rohregger und knapp zwei Dutzend andere adelige Herrenleute und einheimische Führer" sich übrigens im September 1991 zum hundertfünfzigsten Male jährte, gilt nach wie vor als einer der eher einfach zu erobernden Dreitausender und dementsprechend als Paradeziel. Auch wenn sich jene Rechnung, die 1841 ein Anonymus im Salzburger ‚Amts- und Intelligenz-Blatt' veröffentlicht hat und nach der von seinem Gipfel unter anderem die Städte Venedig, Triest, Laibach, Bruck an der Mur, Enns, Freistadt, Regensburg, Eichstätt und Lindau sowie ein Teil des Gardasees und selbst die Türme von Verona" zu sehen sein sollten, längst als nicht einmal theoretisch korrekt erwiesen hat.

Früh übt sich, was ein Meisterschuhplattler werden will. Der konzentrierte Blick des jungen Mannes ist freilich eher atypisch für diese Art der folkloristischen Veranstaltung. Vorherrschend sind beim Volkstanz üblicherweise Frohsinn und Ungezwungenheit. Wobei, und das ist das Erfrischende in diesem Landstrich, die heitere Stimmung in der Regel nicht um des vergnügungswilligen Gastes willen auf Knopfdruck hergestellt wird, sondern schlicht und einfach entsteht, weil den Akteuren danach ist.

Dreimal stürzt die Krimmler Ache zu Tal, ehe sie in die Salzach mündet. Die Wasserfälle sind die höchsten Kontinentaleuropas. Weit über eine halbe Million Besucher bestaunen alljährlich dieses Schauspiel, wenn bis zu 40.000 Liter Wasser pro Sekunde 380 m tief herabdonnern.

Zumindest mengenmäßig eine noch weit größere Anziehungskraft als der Großvenediger übt allerdings jenes Naturdenkmal aus, welches das im Westen angrenzende Tal abschließt – der Krimmler Wasserfall. Mehr als 600.000 Besucher stehen alljährlich staunend vor den drei mächtigen Gischtkaskaden, in denen die gleichnamige Ache hier fast 400 Meter tief – so tief wie kein zweiter Wasserfall auf dem Kontinent – der Salzach entgegenstürzt. Kein Wunder, daß, 1967 schon, auch das Ministerkomitee des Europarates den Reizen dieses imposanten Schauspiels erlag und ihm das vielbegehrte ‚Europäische Diplom für Naturschutz' verlieh.

„Diese Zauberwelt voll großartiger, wilder Natur-Scenen und von lieblichen, herrlichen Blüthen umfluthet; eine wahrhaft ätherische Luft, so dünn, rein und erquickend, daß man sich außerordentlich wohl, leicht und beglückt fühlt; in der die Wucht des Körpers weniger drückt, der Geist sich leichter den hemmenden Banden entwindet und durch jene Pflanzenwelt in einen Abgrund von Seligkeit versinkt; in der er sich freudig des ewigen Friedens und der tiefen Bedeutung der heiligen Unschuld als des ordnenden Prinzips der ganzen Natur bewußt wird."

Spätestens hier, angesichts der Wassermassen, des gewaltigen und ewigen Donnerns und Tosens, wird man jene Euphorie endgültig nachzufühlen imstande sein, die Ignaz von Kürsinger in diesem gesegneten Landstrich einst ergriff, und die er in solch rauschhaften Worten zu fassen versuchte.

Und hält man dann später hinten, am Ende des beinah dreißig Kilometer langen Tales, auf einer Bank Rast – den Geist von der Überdosis an Sauerstoff wohlig ermattet, Stirn und Nase leicht gerötet, die Knie etwas weich, im Rücken die sonnenwarme, wettergegerbte Schindelfassade des jahrehundertealten Tauernhauses und vor sich die von smaragdgrünen Wäldern umrahmte, weit herableckende Zunge des Krimmler Keeses –, wird man jedem, der von der Unvergleichlichkeit Alaskas, Nepals oder der Rockies schwärmt, wünschen, für zehn Stunden in einen Flugsimulator gesteckt und dann in dieser Umgebung herausgelassen zu werden. Die Wette würde gewonnen: Wenn ihm nicht zufällig just in dem Moment ein oberpinzgauer Sherpa oder Trapper begegnet, wird er mit Sicherheit den Entschluß preisen, die lange transkontinentale Reise unternommen zu haben.

Der sommerliche Krimmler Wasserfall – wenn er für kurze Zeit im hellen Sonnenlicht liegt.

Folgende Doppelseiten: eine Alm am Anfang des Obersulzbachtals (150/151); ein Mann in seinem Element: der Maskenschnitzer Andreas Kammerlander im Fluorit-Schaustollen bei Wald im Pinzgau.(152/153); und das Salzachtal bei Krimml, photographiert vom Gerlos-Paß (154/155).

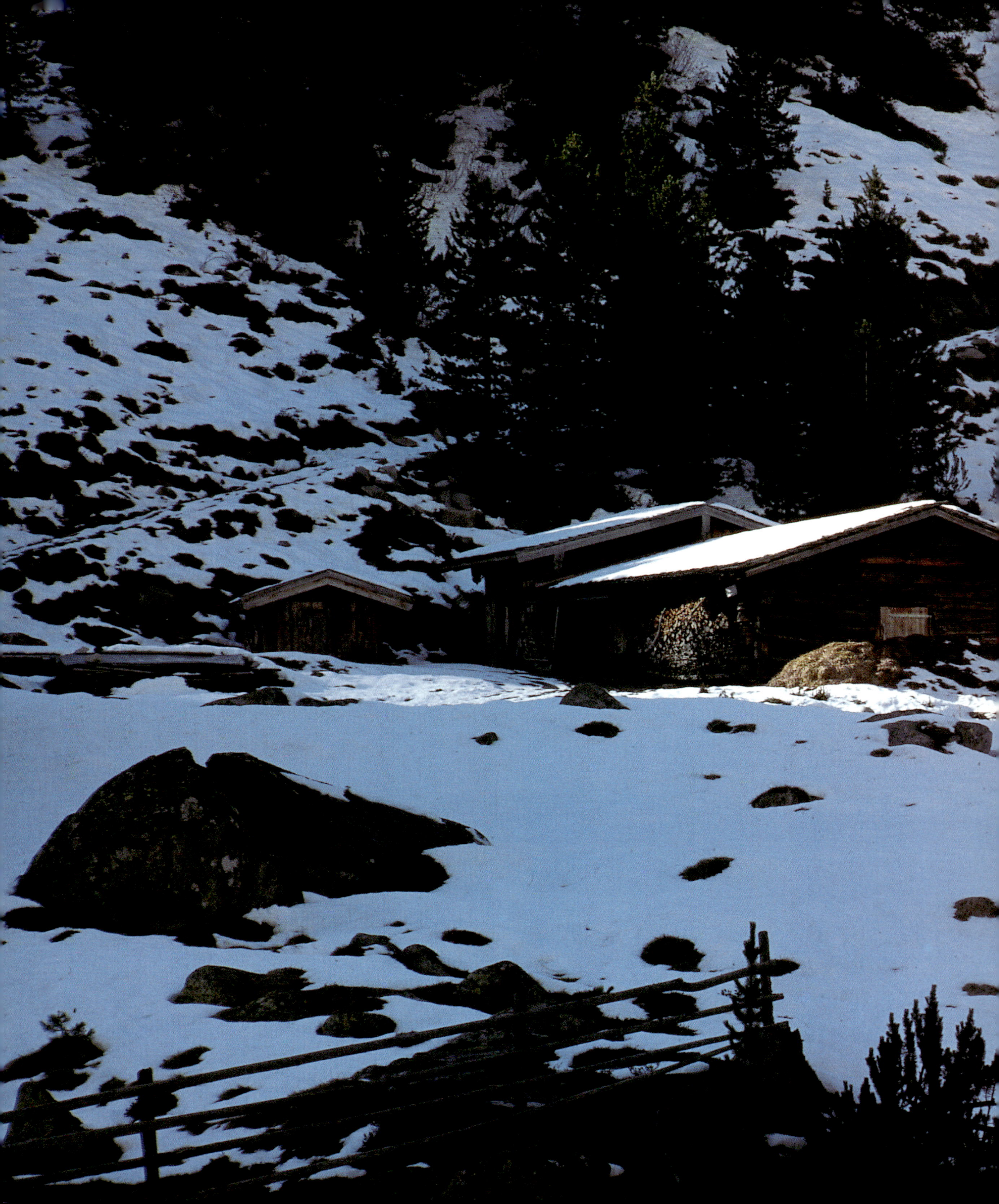

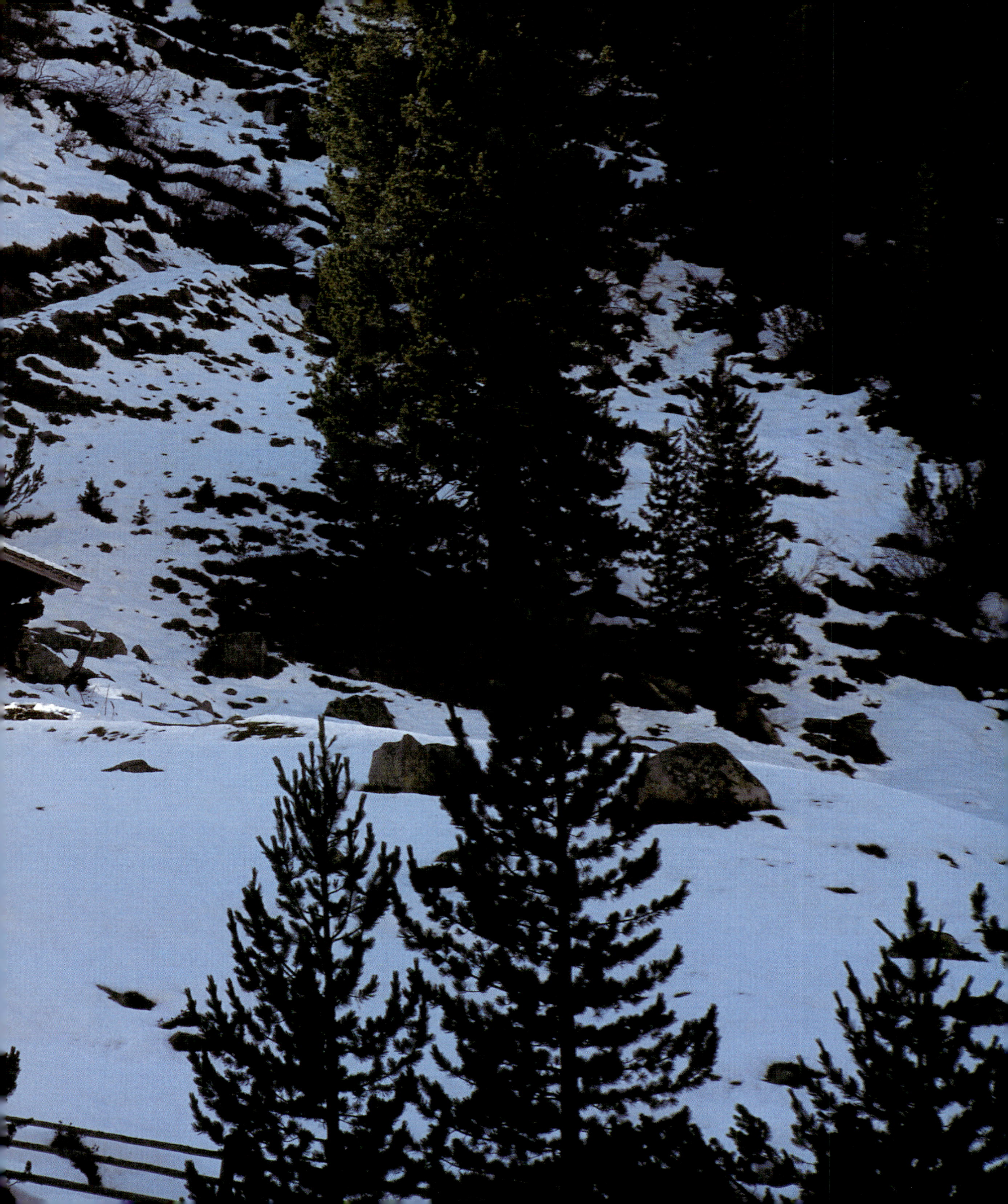

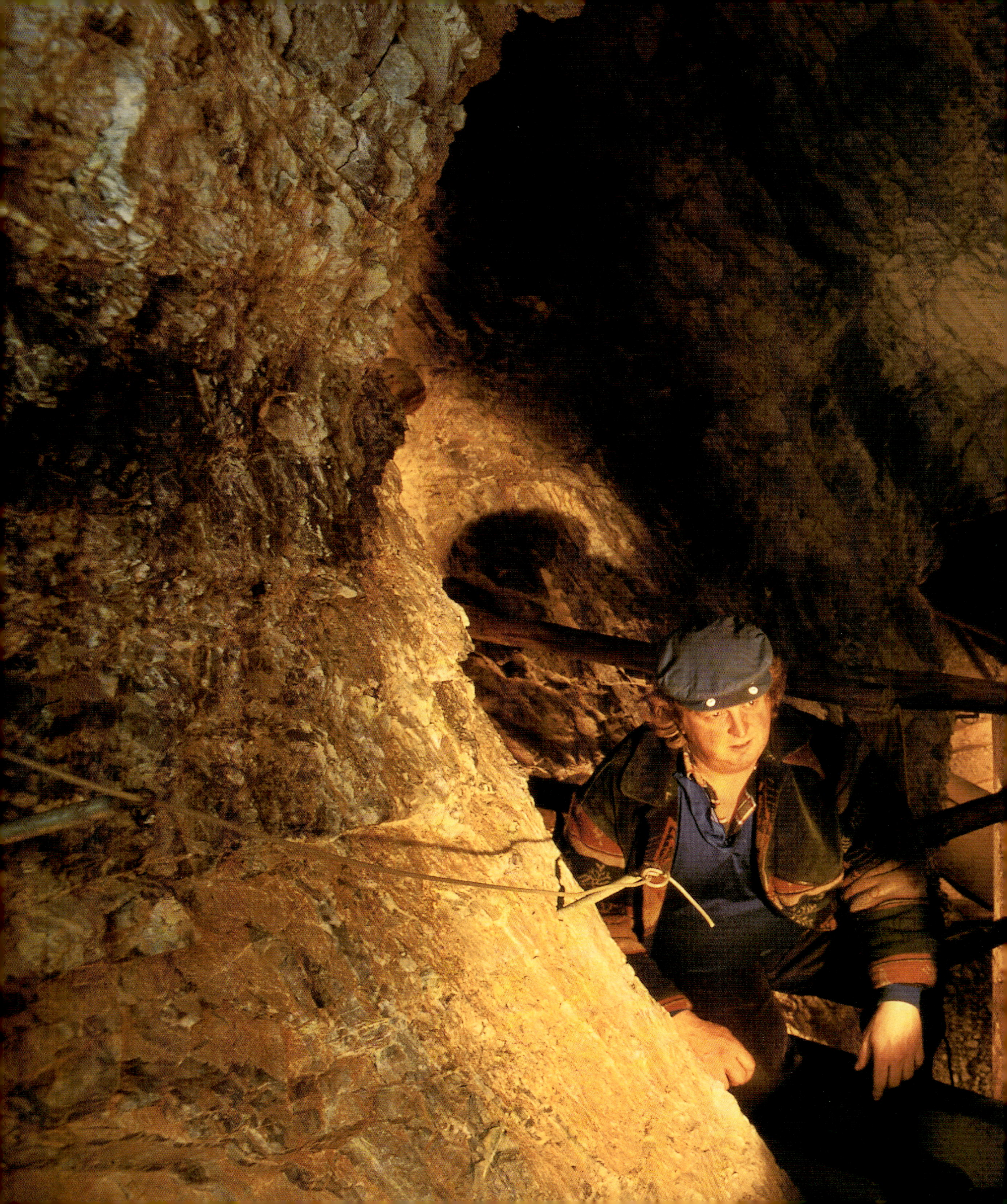

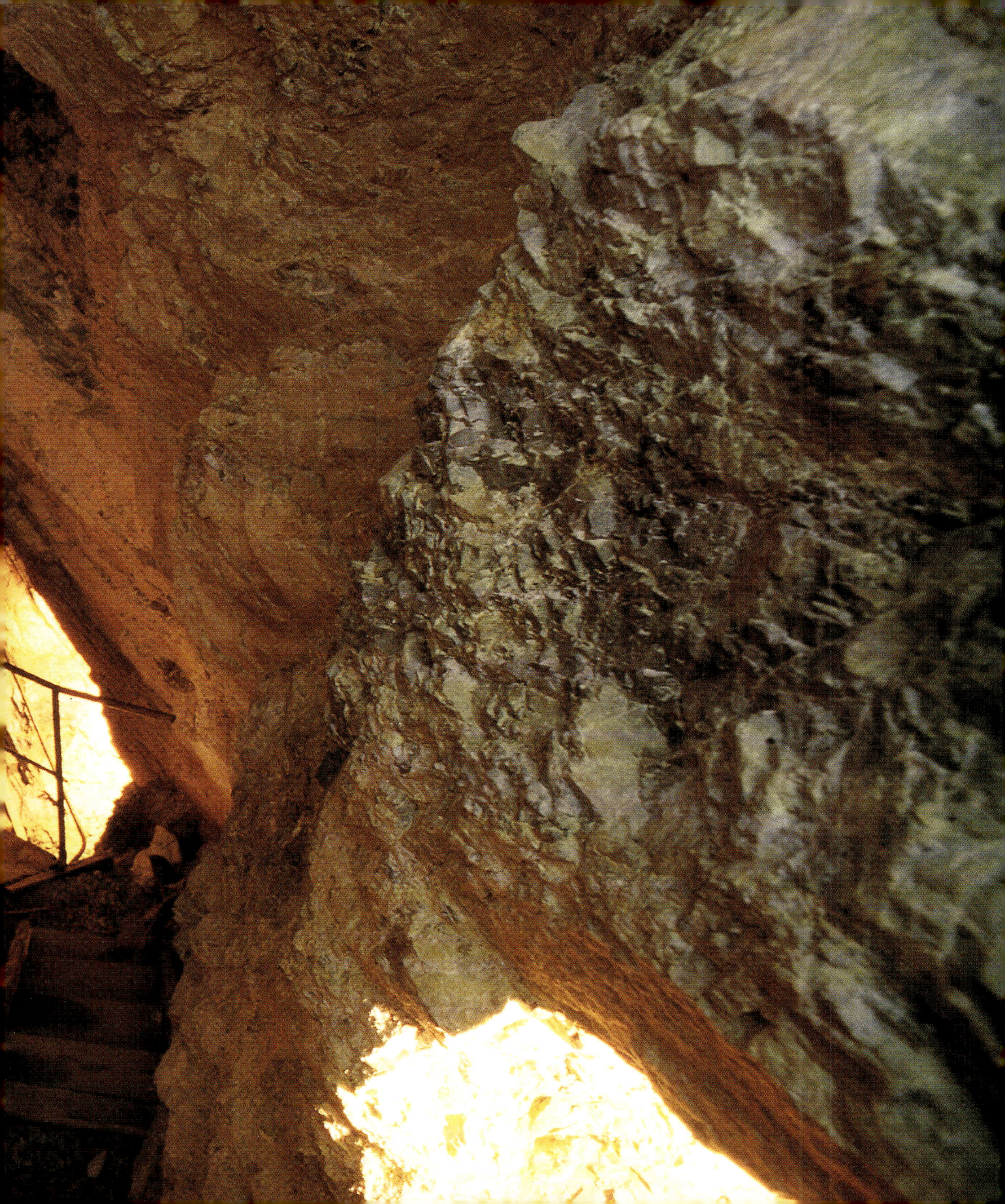

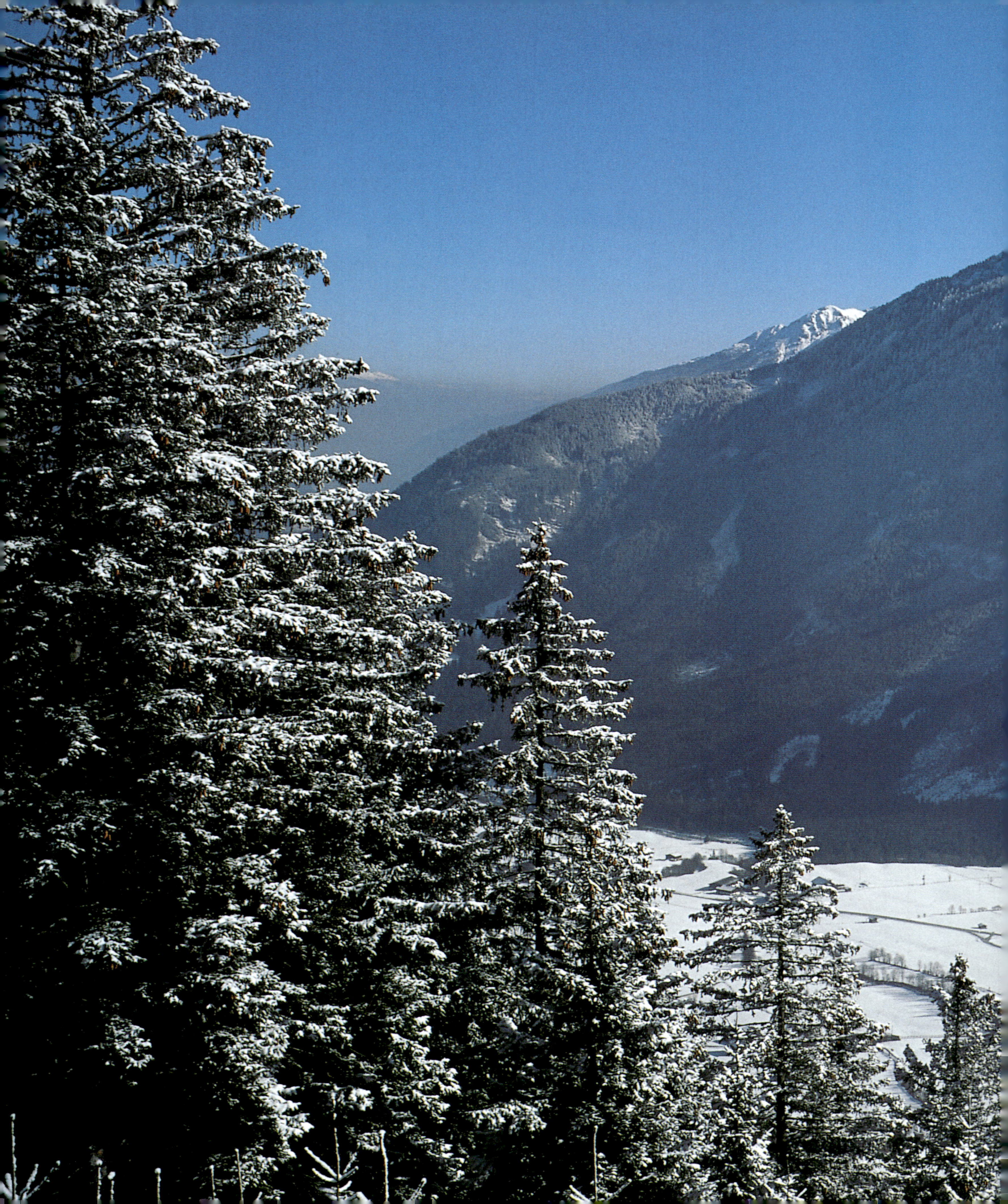

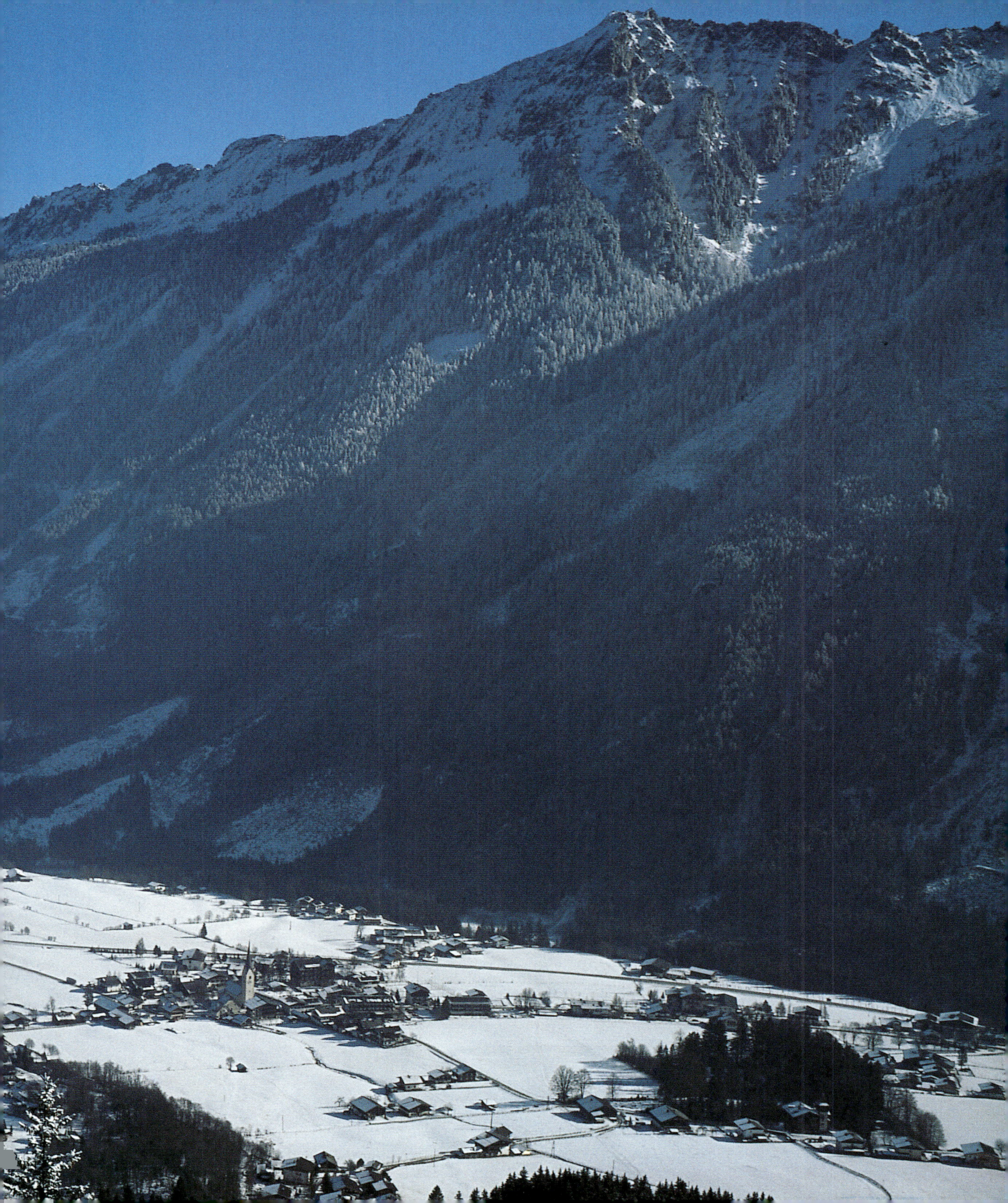

REGION NATIONALPARK HOHE TAUERN

Natur- und Kulturlandschaft im Salzburger Land

– – – Nationalparkgrenze Salzburger Anteil

- - - - Wichtige Wanderwege

P Parkplatz

L Lehrweg

⚒ Schaubergwerk

M Museum

🅽 Nationalparkgemeinde

NPV Nationalparkverwaltung Hohe Tauern

NATIONALPARK HOHE TAUERN

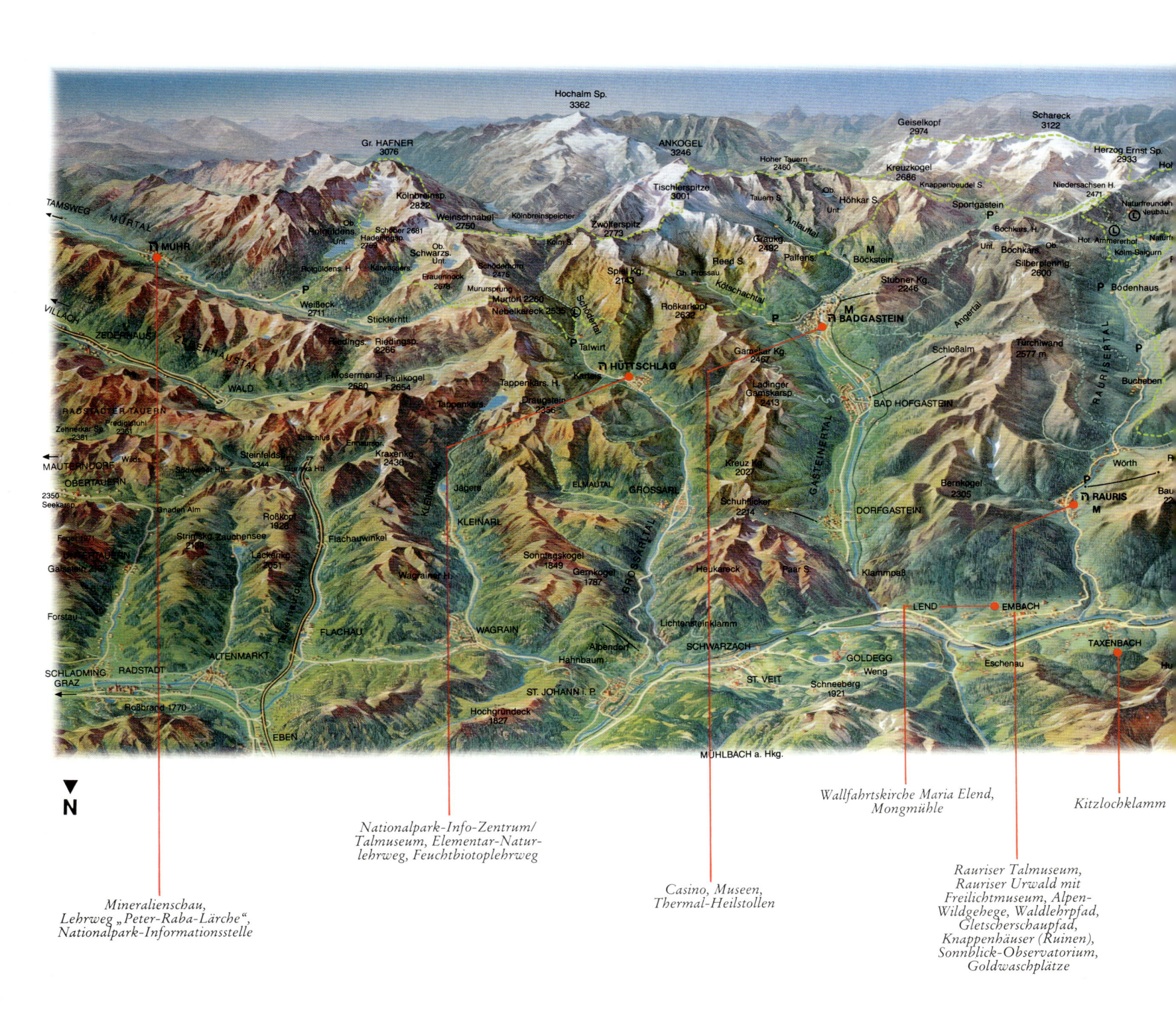

*Mineralienschau,
Lehrweg „Peter-Raba-Lärche",
Nationalpark-Informationsstelle*

*Nationalpark-Info-Zentrum/
Talmuseum, Elementar-Natur-
lehrweg, Feuchtbiotoplehrweg*

*Casino, Museen,
Thermal-Heilstollen*

*Wallfahrtskirche Maria Elend,
Mongmühle*

*Rauriser Talmuseum,
Rauriser Urwald mit
Freilichtmuseum, Alpen-
Wildgehege, Waldlehrpfad,
Gletscherschaupfad,
Knappenhäuser (Ruinen),
Sonnblick-Observatorium,
Goldwaschplätze*

Kitzlochklamm

LANDKARTE

Wallfahrtskirche Maria Elend, Mongmühle

Kitzlochklamm

Wildpark Ferleiten, Großglocknerhochalpenstraße

Kräuterlehrpfad, Siegmund Thun Klamm, Tauernkraftwerke, Heimat- und Nationalpark-Museum, Nationalpark Informationsstelle

Kirchenmuseum

Rauriser Talmuseum, Rauriser Urwald mit Freilichtmuseum, Alpen-Wildgehege, Waldlehrpfad, Gletscherschaupfad, Knappenhäuser (Ruinen), Sonnblick-Observatorium, Goldwaschplätze

Kräuterlehrpfad Bruck Großglocknerhochalpenstraße

"Chinesenstadt – Modell" Panorama-Lehrpfad "Piesendorfer Sonnseite" Öko-Lehrteich

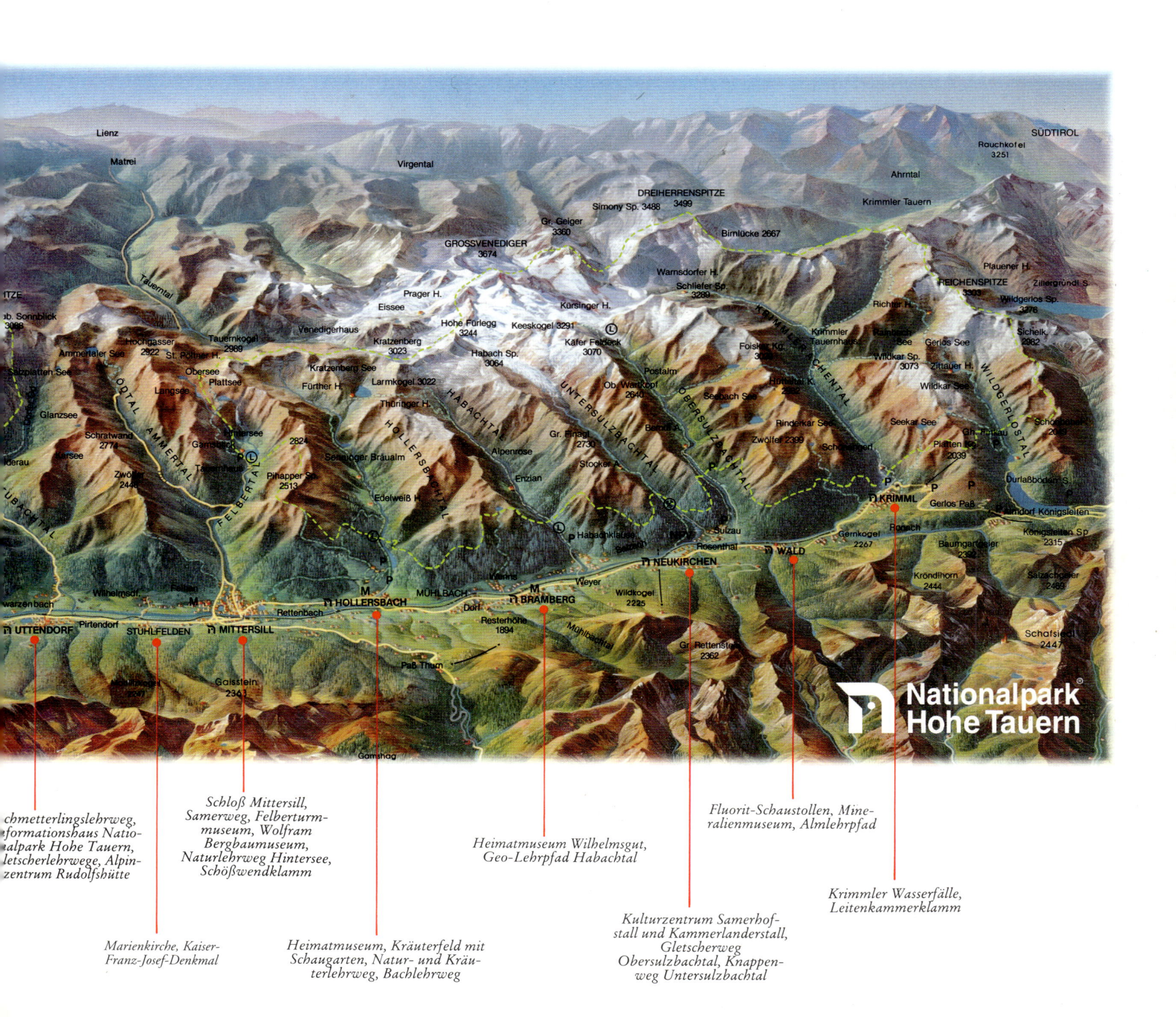

NATIONALPARK HOHE TAUERN

Schmetterlingslehrweg, Informationshaus Nationalpark Hohe Tauern, Gletscherlehrwege, Alpinzentrum Rudolfshütte

Marienkirche, Kaiser-Franz-Josef-Denkmal

Schloß Mittersill, Samerweg, Felberturmmuseum, Wolfram Bergbaumuseum, Naturlehrweg Hintersee, Schößwendklamm

Heimatmuseum, Kräuterfeld mit Schaugarten, Natur- und Kräuterlehrweg, Bachlehrweg

Heimatmuseum Wilhelmsgut, Geo-Lehrpfad Habachtal

Kulturzentrum Samerhofstall und Kammerlanderstall, Gletscherweg Obersulzbachtal, Knappenweg Untersulzbachtal

Fluorit-Schaustollen, Mineralienmuseum, Almlehrpfad

Krimmler Wasserfälle, Leitenkammerklamm

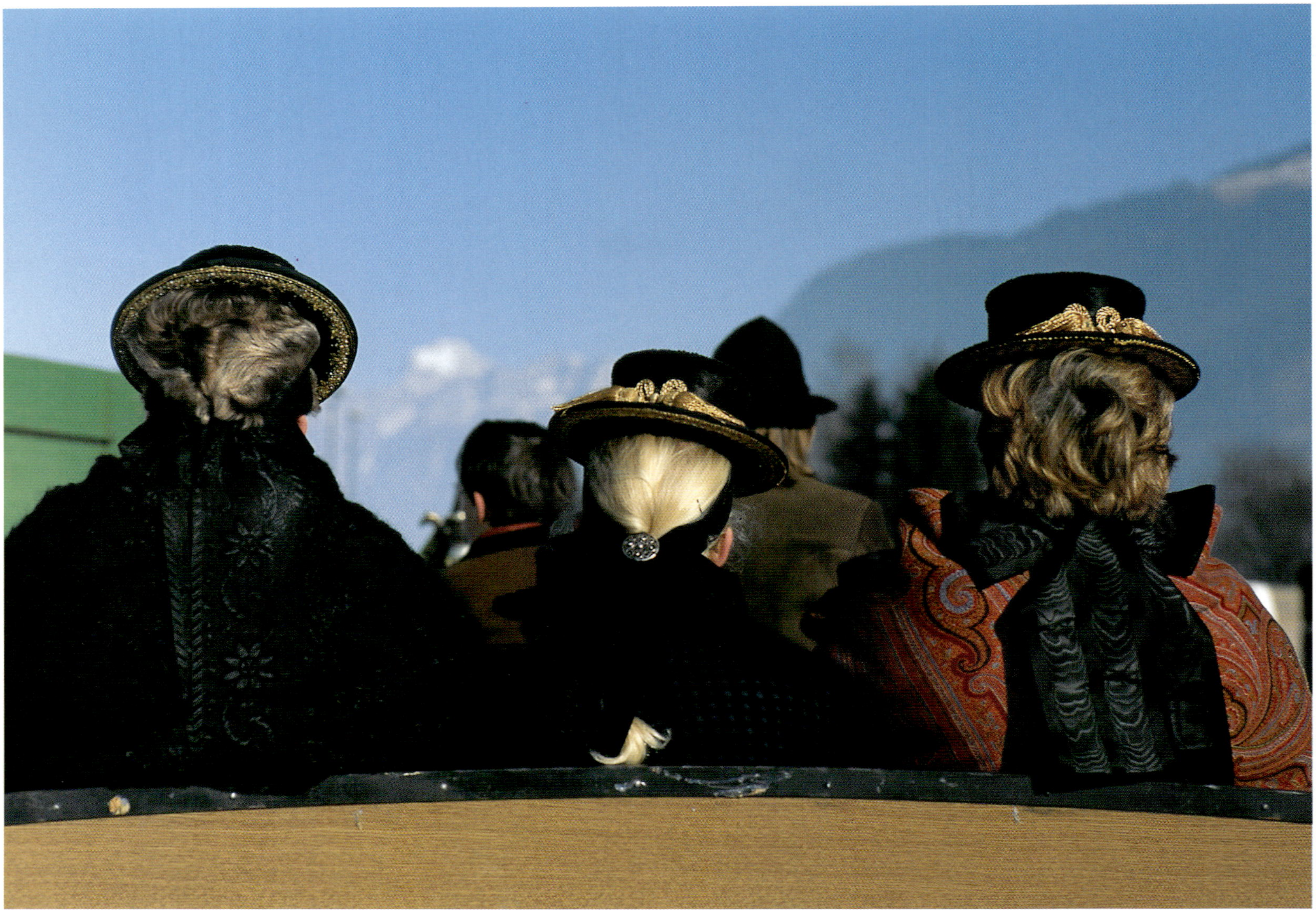

Hohe Tauern wörtlich
Wissenswertes von A bis Z

von Franziskus Kerssenbrock

Pinzgauer Pferdeliebe

WEGE IN DIE REGION

Mehrere Anfahrtsrouten erschließen die Nationalparkregion des Landes Salzburg.
Mit dem Auto: Von Salzburg aus führt die schnellste Verbindung über die Tauernautobahn A10 bis Bischofshofen und von dort aus weiter über die Bundesstraße B311 in Richtung Zell am See. Alternierend kann die Route durch das kleine Deutsche Eck über Bad Reichenhall und Lofer gewählt werden. Von Innsbruck aus kann die Nationalparkregion via Kitzbühel und Jochbergsattel oder über das Zillertal, die Gerlospaßstraße und Krimml erreicht werden. Die wohl schönste und beeindruckendste Anreisemöglichkeit bietet, von Kärnten aus, die Großglockner Hochalpenstraße nach Bruck an der Glocknerstraße. Aus Deutschland kommend, empfiehlt es sich bei Siegdorf die A4 in Richtung Inzell zu verlassen und über Unken und Lofer nach Zell am See zu fahren. Wer hingegen bei Kiefersfelden einreist (und den Nationalpark ansteuert), braucht auf dem kurzen Autobahnstück nach Kufstein keine Maut zu bezahlen.
Mit der Bahn: Züge verkehren von Salzburg und Innsbruck aus entlang der Westbahnstrecke nach Zell am See beziehungsweise von Kärnten nach Bad Gastein. Von Zell am See aus führt die Pinzgauer Lokalbahn durch den Oberpinzgau bis nach Krimml. Der Forderung und dem Bedürfnis nach Nostalgie entsprechend, verkehren während der Sommermonate zweimal in der Woche zwischen Zell und Krimml Dampfzüge.
Mit dem Bus: Von Zell am See sowie von St. Johann im Pongau bestehen regelmäßige Verbindungen in alle Gemeinden des Nationalparks.
Von Krimml, Neukirchen, Bramberg, Hollersbach, Niedernsill, Fusch, Rauris, Bad Gastein, Hüttschlag und Muhr aus verkehren eigens eingerichtete Zubringerdienste in die für den öffentlichen Verkehr gesperrten Nationalparktäler (Informationen in den jeweiligen Fremdenverkehrsämtern).
Mit dem Rad: Der Tauernradweg führt durch das Salzachtal und verbindet dabei fast alle Gemeinden der Nationalparkregion. Er gilt als eine der schönsten Radrouten Österreichs.

DER GESETZLICHE RAHMEN

Trotzdem sich die Bundesländer Kärnten, Salzburg und Tirol bereits 1971 auf die Errichtung eines Nationalparks Hohe Tauern

Der Glockner und seine Straße

verständigt hatten, trat das salzburgische Nationalparkgesetz erst am 1. 1. 1984 in Kraft.
Einleitend halten die Volksvertreter darin fest, es im Bewußtsein zu erlassen, „daß die Hohen Tauern einen besonders eindrucksvollen und formenreichen Teil der österreichischen Alpen darstellen, der in den bewirtschafteten Bereichen seit vielen Jahrhunderten durch Fleiß und Ausdauer der bergbäuerlichen Bevölkerung geprägt und gegen Naturgewalten behauptet worden ist. Hier steht die Erhaltung, Pflege und Gestaltung der naturnahen Kulturlandschaft gleichrangig neben dem Schutz der Naturlandschaft."
Zu diesem Zweck werden drei Punkte als zentrale Ziele hervorgehoben:
„1. Das Gebiet des Nationalparks Hohe Tauern ist in seiner Schönheit und Ursprünglichkeit zu erhalten.
2. Die für das Gebiet des Nationalparks Hohe Tauern charakteristischen Tiere und Pflanzen einschließlich ihrer Lebensräume sind zu bewahren.
3. Der Nationalpark Hohe Tauern soll einem möglichst großen Kreis von Menschen ein eindrucksvolles Naturerlebnis ermöglichen."
Weiters werden die Salzburger Grenzen des Nationalparks definiert: sie umfassen das 804 km² große Gebiet der Reichenspitz-, der Venediger-, der Granatspitz-, der Glockner-, der Goldberg- und der Ankogelgruppe.
Um das Nebeneinander einer unberührten alpinen Urlandschaft mit einer über Jahrhunderte gepflegten Kulturlandschaft zu erhalten, unterscheidet das Gesetz zudem zwischen „Kernzonen", „Außenzonen" und „Sonderschutzgebieten".
Kernzonen bezeichnen vor allem jene Naturlandschaften oberhalb der Waldgrenze, die weitgehend oder sogar vollständig von menschlichem Einfluß unberührt sind. Hier genießt der Naturschutz absolute und unbedingte Priorität. Jeglicher Eingriff, jede Beeinträchtigung des Landschaftsbildes ist untersagt. Ausnahmen bestehen allenfalls für die Bewirtschaftung von Almen, die Wartung oder Instandsetzung von Hütten und behördlich genehmigten Anlagen. Die *Außenzonen* umfassen die traditionelle Kulturlandschaft, die almwirtschaftlich genutzten Talböden, die Wälder der Talflanken. Die Schutzbestimmungen zielen in erster Linie auf den Erhalt des ästhetisch – schindelgedeckte Almhütten, Holzzäunn und Almwiesen – geprägten Landschaftsbildes ab. *Sonderschutzgebiete* wiederum sind echte Reservate, die von der Landesregierung per Verordnung in den Kern- wie Außenzonen ausgewiesen werden können. Sie dienen der vollen Erhaltung der landschaftlichen und ökologischen Bedeutung dieser Gebiete.
In den Kern- und Außenzonen sind sämtliche großtechnischen Eingriffe oder Erschließungen ausnahmslos untersagt, das betrifft die Errichtung und den Betrieb von Skiliften ebenso wie die Energie- oder Rohstoffgewinnung. Der öffentliche Verkehr bleibt ausgesperrt, Motorflugzeuge und Helikopter dürfen nicht tiefer als 5.000 Meter fliegen. Sonstige Tätigkeiten wie bauliche Änderungen von Hütten, Mauern oder Straßen, die Veränderung natürlicher und künstlicher Gewässer, von Mooren und Feuchtgebieten sind ausnahmslos bewilligungspflichtig.

AUS KÜCHE UND KELLER

Während die Fürsterzbischöfe in ihrer Residenz berühmte Köche beschäftigten, die den Wild- und Fischreichtum des Landes zu nutzen wußten (so verfaßte um 1700 der fürsterzbischöfliche Koch Conrad Haager das „Neue Salzburgische Kochbuch" mit nicht weniger als 2.500 Rezepten), war der Speiseplan der bäuerlichen Bevölkerung in der Regel auf einige wenige Zutaten, zumeist Käse, Erdäpfel, Getreideprodukte sowie Hülsenfrüchte, beschränkt (das Jagen und Fischen war ihnen untersagt, frisches Fleisch gab es nur zu besonderen Anlässen). Von einem einheitlichen oder gar eintönigen Speisenangebot kann indes keine Rede sein, so manches Tal entwickelte seine eigene typische Spezialität, dem Variantenreichtum waren kaum Grenzen gesetzt. So präsentiert sich die Salzburger Küche denn als überaus reichhaltig und erlebt seit geraumer Zeit in privaten Haushalten wie in den gastronomischen Betrieben eine regelrechte Renaissance.

Das beginnt bereits mit den *Suppen* – auch wenn sie ihre einstige zentrale Stellung eingebüßt haben. Früher sollten sie den Arbeitern Kraft für die anstrengenden, an den Kräften zehrenden Tätigkeiten auf den Feldern geben. Große Verbreitung fanden – und sie finden sie heute wieder – die „Milisupp'n" (Milchsuppe), die „Brennsuppen" (mit Einbrenn), die „Schottsupp'n" (mit Schottkäse, einem Graukäse), „Gerstlsupp'n" (mit Getreide), „Kasupp'n" (mit Käse), „Breznsupp'n" (mit Brezeln), „Brotsupp'n" sowie verschiedene Kräutersuppen. Als Suppeneinlagen erfreuen sich Frittaten und Strudel großer Beliebtheit, ebenso die Speckgrießknöderl, Fleischknödel, Leberkrapferl, Leberspatzl oder Salzburger Taschenknödel.

Auf fürsterzbischöfliche Anordnung hatten anno dazumal die *Hauptspeisen* so fett zu sein, daß beim Essen das Fett in den Ärmel lief. Inzwischen ist die bäuerliche Kost auch in diesem Bereich den Bedürfnissen unserer Zeit angepaßt, das einst in großen Mengen eingesetzte Schmalz gelangt kaum mehr in die Töpfe und Pfannen. Gerade bei den Hauptspeisen wirkte sich die rechtliche und wirtschaftliche Lage der Bauern auf die Zutaten aus. Wild- und Fischgerichte waren Adel und Klerus vorbehalten, die das Jagdrecht für sich beanspruchten, Schweinefleisch wurde zumeist nur in geräucherter Form verwendet. Bis heute gelten „Krautknödel" (mit Weißkraut), „Kasknödel", „Kaspreßknödel", „Kasnocken" (alle drei mit Pinzgauer Käse), „Schottnocken", „Schlutzkrapfen" (beide mit Graukäse), „Pinzgauer Muas" (Weizenteigschmarrn), „Lungauer Topfenmuas" (Topfenschmarrn), „Pinzgauer Bladl" (herausgebackener dünner Roggen-Weizenteig), „Erdäpfelnidei" (herausgebackene Kartoffelnudeln), „Blutgröstl" (ähnlich der Blutwurst) und „Schöpsenfleisch" (Lammfleisch mit Bohnen) als regionaltypische Spezialitäten. Als Beilage und zum Verfeinern werden Schwammerl- und Beerensoßen, Hollerkoch oder Semmelkren gereicht.

Mahlzeit auf Pinzgauerisch

Als *Nachspeise* hat sich im Salzburgischen das „Schmalzgebackene" erhalten. Dazu zählen die unterschiedlichsten Versionen von „Bladln" (siehe oben), „Hasenöhrl" (gebackener Mürbteig), Krapfen, „Nidei", Nocken, Nudeln, „Strauben" (in Butter gebackenes mit Sauerrahm gemischtes Mehl) und Strudel. Wobei auf einen wichtigen Unterschied hingewiesen sei – auf jenen zwischen *der* Nudel und *die* Nudel. *Der* Nudel ist ein Gebäck, dessen Teig in einem Stück gebacken wird, *die* Nudel hingegen wird in kleine Stücke geteilt. Im Pongau werden, um die Verwirrung noch zu steigern, aus Nudeln Nocken. Großer Beliebtheit erfreuen sich die „Moosbeernudeln" (auch als Schwarzbeernocken oder Heidelbeertatscherl bekannt), die „Germnudel" (Gugelhupf), „Wuchteln" (Buchteln) und Topfennudeln. Im Lungau werden aus Mürb- oder Germteig kleine Kugeln in Brandteig gebacken und als „Schnurraus" von der Sennerin beim Almabtrieb verteilt.

Getränke

Bier hat sich im Laufe der Zeit als das Getränk zum Essen durchgesetzt. Die kleinen Brauereien, die mit lokalen Sorten aufzuwarten wußten, sind indes großteils eingegangen. Großer Beliebtheit erfreut sich hingegen nach wie vor das Schnapsbrennen, wobei Vogelbeer-, Schwarzbeer- und Hollerschnäpse die am weitesten verbreiteten Brände sind. Hinzu kommen Liköre und Säfte wie Holler- und Schwarzbeerlikör, Beerensäfte, Hollerblütensirup und Hollersekt.

Folgende gastronomische Betriebe haben sich unter dem Siegel „*Partnerbetrieb Nationalparkregion*" zu einem Ring zusammengeschlossen und achten darauf, lediglich heimische, hochwertige Naturprodukte aus kontrollierten Erzeugerbetrieben zu verwenden:

BAD GASTEIN
Hotel Haas, 5640 Bad Gastein-Böckstein,
Elisabethpromenade, Tel.: 06434/37 55-0;
WALD
Gasthof Ursprung, 5742 Wald,
Königsleiten 100, Tel.: 06564/82 53 8;
KRIMML
Hotel Krimmlerfälle, Oberkrimml 42,
5743 Krimml, Tel.: 06564/203;
NEUKIRCHEN
Jugendhaus Venedigerhof,
5741 Neukirchen, Tel.: 06565/63 26;
Gasthof Steiger, Tel.: 06565/63 59;
BRAMBERG
Bauernhof Hotel Habachklause,
5733 Bramberg, Tel.: 06566/73 90;
MÜHLBACH
Hotel Kirchner,
5732 Mühlbach, Tel.: 06566/208;
HOLLERSBACH
Gasthof Kaltenhauser,
5731 Hollersbach 17, Tel.: 06562/8117;
MITTERSILL
Meilinger Taverne, 5730 Mittersill,
Tel.: 06562/42 26;
Nationalparkhotel Felben,
Felberstraße 51, Tel.: 06562/44 07;
STUHLFELDEN
Gasthof Flatscher,
5724 Stuhlfelden 1, Tel.: 06562/ 42 44;
UTTENDORF
Alpengasthof Liebenberg, 5723 Uttendorf,
Quettensberg 8, Tel.: 06563/83 83;
PIESENDORF
Gasthof Tannenhof,
5721 Piesendorf 157, Tel.: 06549/72 81;
Gasthof Schett, Fürth-Kaprun
Tel.: 06549/72 51;
BRUCK
Brucker Alm-Stuben, 5671 Bruck,
Tel.: 06545/73 35;
FUSCH
Gasthof Lampenhäusl, 5672 Fusch,
Tel.: 06546/215-0;
TAXENBACH
Taxenbacherhof,
5660 Taxenbach 112, Tel.: 06543/215;

Rauris
Hotel Rauriserhof, 5661 Rauris,
Marktstraße 6, Tel.: 06544/62 13;
Gasthof Grimming,
Marktstraße, Tel.: 06544/62 68;
Gasthof Bräu,
Marktstraße 35, Tel.: 06544/62 06;
Gasthof Andrelwirt,
Wörth, Tel.: 06544/64 11;
Restaurant Gusto,
Wörth, Tel.: 06544/64 04;
Hüttschlag
Gasthof Talwirt, 5612 Hüttschlag,
See 30, Tel.: 06417/444.

Bräuche in Gebrauch

Seit Jahrhunderten tief im Jahresablauf verwurzelt und sowohl heidnischen wie auch christlichen Ursprungs, ist das Brauchtum weit mehr als nur eine farbenfrohe Facette des Fremdenverkehrs. Wobei sich in den verschiedenen Tälern zum Teil sehr unterschiedliche Formen ähnlicher Veranstaltungen herausgebildet haben.
Allgemein beginnt das Jahr mit dem *Umzug der Heiligen Drei Könige* oder dem *Sternsingen*. Auf den Türstöcken oder Türen wird dabei die Buchstabenfolge C+M+B (Caspar, Melchior, Balthasar), eingefaßt von der jeweils aktuellen Jahreszahl, angebracht und bleibt dort das ganze Jahr über stehen.
Ebenfalls um den Dreikönigstag finden die *Perchtenläufe* statt, eine symbolische Darstellung der Rauhnächte, in denen die „wilde Jagd" zugange ist. Dabei werden Gut und Böse von den Perchten – genauer: von den „Schön"- und den „Schiachperchten" – personifiziert. Die Schönperchten tragen einen tafelartigen, prächtig geschmückten Kopfschmuck, die Schiachperchten gehörnte, gräßlich verzerrte Masken. Im Gasteinertal hat sich dieser – früher in fast allen Gebirgstälern gepflegte Brauch – erhalten und findet alle vier Jahre statt. Ein Vorreiter führt den Zug – der ein glückliches und erfolgversprechendes Jahr verheißt – an, ihm folgen die „Tafel"- und „Turmperchten" mit ihren bis zu 50 Kilogramm schweren, reich geschmückten Kappen. Die Schiachperchten, der „Glockenpercht" und der „Bamwercha" (eine in Baumflechten gehüllte Gestalt) bilden den Abschluß.
In Stuhlfelden treten alljährlich am 5. Jänner die „Tresterer", glückverheißende Schönperchten, auf. Sie tragen einen auffälligen, mit 60 weißen Hahnenfedern geschmückten Hut, von dem bis zur Hüfte rote und weiße Bänder herabhängen, und

Marterl in Mittersill

ein dunkelrotes Brokatgewand. In Gruppen zu siebt ziehen die Tresterer von Hof zu Hof und beginnen, dem Vorpercht folgend, einen rhythmischen, stampfenden und springenden Kulttanz.
Im Raurisertal gibt es eine weitere Sonderform der Perchten: die „Schnabelperchten", deren Maske ein langer Schnabel ziert. In alte Kittel gehüllt, versehen mit Besen, Schere und Kraxe, ziehen sie unter lautem Qua-qua-Geschrei von Hof zu Hof und kontrollieren, ob alles ordentlich und sauber gehalten ist. Wäre dies nicht der Fall, so würde dem Besitzer der Bauch aufgeschnitten, darin der gefundene Mist verstaut, der Übeltäter sodann in die Kraxe gesteckt und mitgenommen.
In der Karwoche, zwischen Karfreitag und Ostersonntag ziehen die Burschen mit selbstgebastelten *Ratschen* durch die Orte und ersetzen somit die „nach Rom geflogenen" Glocken, die in dieser Zeit nicht läuten dürfen.
In Großarl erinnert das *Ölberg-* oder *Leiden-Christi-Singen* an die Leidensgeschichte Jesu. Am Gründonnerstag und Karfreitag versammeln sich Bürger und Bauern zwischen 20 Uhr und 4 Uhr morgens und singen an verschiedenen Stationen im Ort jeweils eine Strophe eines Liedes.
In St. Georgen bei Bruck findet alljährlich am 23. April ein *Tieropfer* statt. Dabei werden selbstverständlich keine echten Tiere geopfert, vielmehr nehmen die Bauern geschnitzte und geschmückte Tierfiguren in die Kirche mit und umrunden damit den Hauptaltar. Zur gleichen Zeit macht sich ein Reiterzug auf 20 geschmückten Pferden auf den Weg durch das Dorf zur Kirche, wo Tier und Mensch vom Pfarrer – hoch zu Roß – gesegnet werden.
Zu Fronleichnam, am 1./2. Juni, sowie zu anderen Festtagen im Sommer finden in Muhr im Lungau die *Samsonumzüge* statt. Eine Person trägt dabei die mehr als fünf Meter große und rund 80 Kilogramm schwere Figur des Riesen Samson. Woher dieser Brauch stammt, ist bis heute ungeklärt. Eine Deutung verweist auf die barocken Schauumzüge, deren letztes Relikt der Riese Samson sei. Die Muhrer wiederum erzählen, ihre Vorfahren hätten während der Ungarneinfälle so tapfer gekämpft, daß ihnen das Samson-Privileg zur Erinnerung an ihren Mut und ihre Standhaftigkeit verliehen wurde.
Zur Sonnenwende am 21. Juni erstrahlen überall auf den Gebirgshöhen als Licht- und Lebenssymbole die *Sonnwendfeuer*. Mit der Sonnenwende steht wahrscheinlich auch das *Prangenstangentragen* in Muhr am 29. Juni in Verbindung. Unverheiratete Burschen führen in einer Prozession etwa sechs Meter hohe, mit Blumenkränzen geschmückte Stangen herum (auf einer einzigen können bis zu 40.000 frische Blumen angebracht sein). Diese werden in die Kirche getragen, wo sie bis zum 15. August im Mittelgang aufgestellt bleiben.
Am jeweils ersten Sonntag nach Jakobi (25. Juni) findet auf dem 2.100 Meter hohen Hundsstein bei Taxenbach das traditionelle *Ranggeln* statt. Die stärksten Burschen fechten im Zuge eines Ringkampfes um den Status des stärksten Pinzgauers. Die Kämpfer treten barfuß, in einem Leinenhemd und einer rauhen Hose zum Kräftemessen an. Sieger ist, wem es gelingt, seinen Gegner innerhalb von fünf Minuten unter Anwendung bestimmter Griffe und Würfe zu Boden zu bringen. „Hagmoar" schließlich wird, wer aus drei Kämpfen, zu denen er herausgefordert wurde, siegreich hervorgeht.
Ende Juni schließlich wird die Pinzgauer Wallfahrt über eine Strecke von 40 Kilometern durch das Fuschertal auf das Hochtor und weiter nach Heiligenblut durchgeführt.
Am 5. Dezember treiben noch die „Kramperl" ihr Unwesen. Verkleidet und mit furchterregenden Masken versehen, toben dabei die Burschen durch den Ort und lassen jeden, den sie erwischen, ihre Ruten und Stöcke spüren.

BRAMBERG AM WILDKOGEL

Die kleine Ortschaft, eine der ältesten Pfarren des Oberpinzgaus, verdankt Gründung wie Aufstieg dem Smaragdabbau im nahen Habachtal sowie der professionellen Ausbeutung der Schwefel- und Kupferkieslager im Brenntal. Im Ortsteil Mühlbach entstand im 16. Jh. eine Verhüttungsindustrie für Schwefel- und Kupfervitriol. Wer heute nach Bramberg will, muß von der Bundesstraße abbiegen um in das Ortszentrum, das sich entlang der Salzach ausbreitet, zu gelangen. Die südliche Seite des Ufers ist dicht verbaut, während die nördliche (Sonnen-) Seite von locker verstreuten Bergbauernhöfen dominiert wird. Die Struktur des alten Haufendorfes ist rund um die gotische Pfarrkirche, den alten Pfarrhof von 1799 und das Tanzlehen, einen um das Jahr 1000 errichteten, freskogeschmückten Zehenthof, erkennbar. Im Ortsteil Weixeldorf wurde im Wilhelmgut ein Heimatmuseum mit umfangreichen Sammlungen zu den Themen Mineralien, Alltagskultur, Brauchtum, Handwerk, Naturkunde und Religion eingerichtet (Öffnungszeiten: 1. 5.–10. 6. u. 1.–30. 10. tägl. 15.00–17.00 Uhr, 11. 6.–30. 9. tägl. 10.00–18.00.). Daran angeschlossen ist ein Freilichtmuseum mit einer Mühle, einer Holzknechthütte, einem Backofen und einer alten Säge.

3.700 Einwohner, 820 m Seehöhe

Fremdenverkehrsverein/FVV:
Tel.: 06566/72 51 (1.700 Gästebetten)

Touristisches Angebot:
Eigene Mineralienexkursionen unter sach- und fachkundiger Leitung werden in das Habachtal angeboten, in das Gebiet des Nationalparks geführte Wanderungen. Am jeweils letzten Septembersonntag findet im Ort ein Bauernmarkt statt. Während des Sommers wird das touristische Angebot mit Paragleiten, Reiten und Tennis abgerundet.

Spätgotische Pfarrkirche in Bramberg am Wildkogel

BRUCK AN DER GLOCKNERSTRASSE

Von jeher dient das Dorf am nördlichen Ufer der Salzach als Knotenpunkt der Nord-Süd-mit der West-Ost-Route. So leitet sich sein Name denn auch von der Brücke über den Fluß ab. Heute ist Bruck als Ausgangsstation für eine Fahrt über die Großglockner Hochalpenstraße bekannt. Mehrere verheerende Brände suchten Bruck im 19. und 20. Jh. heim, 1867 brannte sogar ein Großteil des Ortes mitsamt der Kirche ab. Diese Katastrophen haben im Ortsbild ihre Spuren hinterlassen. Bis auf das in seinem Kern spätmittelalterliche Traunerwirtshaus und das Hauptgebäude des Gasthofs Lukashansl sind kaum historische Bauten erhalten geblieben. Auch Schloß Fischhorn, ein aus dem Mittelalter stammender Sitz der Bischöfe von Chiemsee auf einem Felssporn an der südöstlichen Ecke des Zeller Beckens, blieb von Feuersbrünsten nicht verschont. 1920 brannte das Schloß ab, wurde jedoch nach alten Vorlagen aus dem 19. Jh. wieder aufgebaut. Auf dem darunterliegenden Felsen sind noch die Eisenringe zu sehen, die den Booten – als der Zeller See noch bis nach Fischhorn reichte – zum Anlegen dienten. Im Ortsteil St. Georgen erhebt sich auf einer Kuppe eine romanisch-gotische Kirche mit einem eigenwilligen und auffälligen Turm. Neben dem aus dem 16. Jh. stammenden Kirchenwirtshaus wächst eine über 250 Jahre alte Linde. 1732 pflanzte der damalige Wirt den Baum als Abschiedsgruß – dann mußte er als Protestant das Land verlassen.

4.000 Einwohner, 758 m Seehöhe

Fremdenverkehrsverein/FVV:
Tel.: 06545/72 95 (2.000 Gästebetten)

Touristisches Angebot:
Die Umgebung von Bruck bietet durch Wanderwege, eine Mountainbikestrecke und einen Kräutergarten eine attraktive Angebotspalette für Aktivurlauber. Auf keinen Fall sollte eine Fahrt über die Großglockner Hochalpenstraße, in deren Verlauf sich faszinierende Panoramablicke in die Welt der Dreitausender eröffnen, versäumt werden.

Bruck an der Glocknerstraße

Embach-Lend

Der Kontrast könnte größer nicht sein: Während unten im Salzachtal Lend von den Werksanlagen der Aluminiumindustrie beherrscht wird, verströmt der kleine, auf einer Bergtrasse gelegene Kirchweiler Embach bäuerliche Atmosphäre. Rund um die Kirche sind mit dem Oberwirt aus dem 18. Jh., dem Schmiedhaus und einigen Bauernhäusern mehrere sehenswerte Gebäude erhalten geblieben. Ein besonders schönes Ensemble bildet der Mongbauer außerhalb des Dorfes – der Hof wird von einer Machhütte, einem Waschhaus und einer Mühle umringt.

673 Einwohner, 1.013 m Seehöhe

Fremdenverkehrsverein/FVV:
Tel.: 06543/72 15, (533 Gästebetten)

Touristisches Angebot:
Die Infrastruktur ist ganz und gar auf das Bergsteigen und Wandern ausgerichtet.

*Embach –
Kapelle an der Glocknerstraße*

Automobilisten ein Benützungsobulus abverlangt wird, befindet sich neben dem Tauerngasthaus eine kleine barocke Kapelle mit steilem Walmdach. Weit mehr Beachtung findet allerdings der nahe Wildpark mit Braunbären, Wölfen, Wisenten, Füchsen, Rot- und Steinwild (Öffnungszeiten: Mai bis Nov. tägl. 8.00 Uhr bis zum Einbruch der Dunkelheit).

750 Einwohner, 805 m Seehöhe

Fremdenverkehrsverein/FVV:
Tel.: 06546/236 (1.126 Gästebetten)

Touristisches Angebot:
Am jeweils letzten Junisonntag liegt dank des „Fuscher Musikantentreffens" Musik in der Luft. Im Rahmen der „Fuscarte" bietet die Gemeinde zwischen Juni und September je zwei Bildhauern pro Monat im Ort die Möglichkeit, mit Materialien der Region zu arbeiten. Die Werke können im Zuge eines Abschlußfestes bestaunt werden. 40 km markierter Wanderwege erschließen das Fuscher Tal, wobei auch geführte Wanderungen angeboten werden und Mountainbikern eigene Strecken zur Verfügung stehen.

Fusch an der Glocknerstraße

Räumlich ungeordnet erscheint die kleine Gemeinde im Fuschertal. Der Hauptort besteht aus wenig mehr denn der romanisch-gotischen Kirche mit ihrem charakteristischen Satteldach, Tankstellen, Gasthöfen und einigen wenigen Häusern. Dafür breiten sich Bauernhöfe und kleine Weiler über das gesamte Tal aus. Wobei auf eine Fuscher Eigenart hingewiesen sei: Alle Gebäude westlich der Fuscher Ache gehörten bis in das 19. Jh. zum Gerichtsbezirk Zell am See, jene am östlichen Ufer zum Pfleggericht Taxenbach. Seit damals ist den Hausnummern jeweils ein Z oder ein T vorangestellt. Vom 16. bis in das 19. Jh. wurde im hinteren Talbereich Gold abgebaut. Mehr Bedeutung erlangten jedoch einige Quellen im Weichselbachtal, die für Heilzwecke genutzt wurden. Vor 100 Jahren nahm der Badebetrieb einen lebhaften und vielversprechenden Aufschwung, der durch den 2. Weltkrieg jäh beendet wurde. Lediglich eine Ruine legt stummes Zeugnis von den hochfliegenden Plänen für ein zweites Bad Gastein ab. Bei Ferleiten, wo an der Mautstelle der Glocknerstraße den

*Romanisch-gotischer
Kirchturm in Fusch*

Gasteiner Tal/Bad Gastein

In Bad Gastein, dieser großstädtischen Siedlung inmitten des Hochgebirges, wähnt man sich fast zurückversetzt in die Zeit der Jahrhundertwende, wären da nicht einige Bausünden der siebziger Jahre, die vom „Fortschritt" künden. Letztlich aber wirkt das Flair des traditionsreichen Kurortes weit stärker. Bereits die Römer dürften um die heilende Wirkung der 18 Quellen, aus denen das radonhaltige heiße Wasser sprudelt, gewußt haben. Um 1250 besangen Troubadoure die Quellen und Paracelsus untersuchte um 1500 ihr Wasser und seine Wirkungen. Doch erst um die Wende vom 18. zum 19. Jh. begann der wirkliche Aufstieg Bad Gasteins. Erzherzog Johann ließ sich einen Wohnsitz errichten, und von da an konnte nichts mehr den Zustrom aus Hoch- und später Geldadel hindern. Heute sind die großen Zeiten vorbei, Luxus und Qualität haben sich indes gehalten. Selbst etliche der großen traditionsreichen Hotels erstrahlen wieder im alten Glanz. Ab 1830 wurde das heilkräftige Wasser mittels einer Holzrohrleitung nach Bad Hofgastein geleitet, so daß auch dieser Ort in den Genuß des Kurwesens kam. Freilich präsentiert sich die Gemeinde bis heute nicht so mondän wie die große Schwester – über ein vielseitiges Kur- und Freizeitzentrum inklusive Thermentempel und einer qualitätsvollen Hotellerie verfügt sie jedoch sehr wohl. Der dritte Ort im Tal, Dorfgastein, liegt am Ausgang in Richtung Lend. Bis vor gar nicht allzulanger Zeit war es schlicht ein kleines Bauerndorf. In der Zwischenzeit aber hat es sich zu einem veritablen Erholungs- und Ferienzentrum entwickelt und profitiert vom Mythos des großen Gastein.

Bad Gastein:
5.728 Einwohner, 1.083 m Seehöhe

Fremdenverkehrsverein/FVV:
Tel.: 06434/25 31, 36 66 (7.300 Gästebetten)

Touristisches Angebot:
Der Kurort hat sich zu einem Sportzentrum der Superlative entwickelt, wobei man alle Aktivitäten sommers wie winters um den Besuch der heißen Quellen ansiedeln kann. Für ein reiches Kunst- und Kulturangebot ist ebenfalls gesorgt. Eine Möglichkeit der Spielleidenschaft zu frönen, bietet das Casino im Hôtel de l'Europe. Kongresse, Konzerte und Theateraufführungen gehen im Kongreßhaus über die Bühne. Das Gasteiner Museum im Haus Austria beherbergt Sektionen zu Mineralien, Bergbau und Jagd (Öffnungszeiten: tägl. 10.30–12.00 Uhr und 15.30–18.00 Uhr). Das Freilicht- und Montanmuseum „Montansiedlung Alt Böckstein" (Öffnungszeiten: 1. 7.–15. 9. tägl. außer Montag 10.00–12.00 Uhr und 15.30–18.00 Uhr) und das Schaubergwerk Imhofstollen (Öffnungszeiten/Führungen: Juni bis September, Mittwoch bis Sonntag, 8.00, 11.00, 14.00 und 17.00 Uhr, Mai und Oktober nach Bedarf) führen in die Welt des Bergbaus ein. Besonders umfangreich präsentiert sich das Wintersportangebot des Gasteiner Tals: Dank der Brandsteinbahn in Dorfgastein, der Schloßalmbahnen in Bad Hofgastein, der Stubnerkogel- und der Graukogelbahn in Bad Gastein sowie der Kreuzkogelbahn in Sportgastein stehen Skifahrern 50 Skilifte und Seilbahnen sowie 250 km Skiabfahrten zur Verfügung (Sportgastein verdankt seine Gründung gar dem Bemühen, die Ansprüche der Gäste während der kalten Jahreszeit optimal zu erfüllen). In Sportgastein befindet sich auch noch eine Greifvogel-Pflegestation (Öffnungszeiten: 31. 5.–1. 11., tägl. 10.00 – 17.00 Uhr).

*Gasteiner Stilleben:
das „Straubinger"*

*Pfarrkirche von Hüttschlag
im Großarltal*

GROSSARLTAL / HÜTTSCHLAG

Das Großarltal wird in erster Linie mit der Liechtensteinklamm in Verbindung gebracht, einer tiefen Felsschlucht, durch die sich die Großarler Ache ihren Weg bahnt. Bis 1987 mußte, wer in das Großarltal vordringen wollte, oberhalb der Liechtensteinklamm die ehemalige Mautstelle Alte Wacht passieren – ein hölzernes Torhaus aus der ersten Hälfte des 19. Jh. Bis vor 20 Jahren erhielt sich in dem Tal eine große Anzahl hölzerner Bauernhäuser aus dem 16. Jh. Die meisten von ihnen sind in der Zwischenzeit der Modernisierung zum Opfer gefallen. Erhalten hat sich jedoch eine große Anzahl bewirtschafteter Almen – mehr als in jedem anderen Tal der Nationalparkregion. Das kleine Dorf Hüttschlag verdankt Namen und Gründung dem hier seit dem 16. Jh. betriebenen Kupferbergbau und dem Umstand, daß sich hier zuvor schon eine Schmelzhütte befand. Die Kirche wurde 1679 anstelle einer Kapelle „bei den Schmelzhütten" errichtet und diente der seelsorgerischen Betreuung der Knappen. Mehrere Bauten erinnern heute noch an die Funktion des Bergbaudorfes, darunter das Gemeindeamt, das Gegenschreiberhaus das Gasthaus Lederer und die „Keuschlerhäuseln" der alten Knappensiedlung Wolfau aus dem 17. Jh.

914 Einwohner, 1.020 m Seehöhe

Fremdenverkehrsverein/FVV:
Tel.: 06417/204 (450 Gästebetten)

Touristisches Angebot:
Das Nationalparkhaus in Stockham dient zugleich als Talmuseum mit Sonderausstellungen (Öffnungszeiten: tägl. 10.00–22.00 Uhr). Auf mehr als 30 Almhütten besteht für Gäste die Möglichkeit, den Sennern bei ihrer Arbeit über die Schulter zu schauen. In den Sommermonaten bieten die Gemeinden des Großarltals zudem einen eigenen Kinder-Club mit umfangreichem Programm an. Im Winter hat man von Großarl aus über die Gasteiner Skischaukel am Kruzkogel Anteil an der Gasteiner Skiwelt.

HOLLERSBACH IM PINZGAU

Der Partnerschaft mit der bretonischen Stadt La Gacilly verdankt Hollersbach seinen Ruf als „Kräuterdorf". Um die Bande zwischen den beiden Gemeinden zu stärken, beschlossen die Hollersbacher, Ringelblumen, Kornblumen, Taubnesseln, Immergrün, Thymian, Malve, Quendel und Arnika anzubauen und Yves Rocher, dem Bürgermeister La Gacillys, für seine Kosmetika zu verkaufen. Der zentralen Stellung, die den Kräutern zukommt, entspricht auch die Lage ihrer Anbaufläche: inmitten des Orts. Dort, wo sich neben der Pfarrkirche das Klausnerhaus – ein Bauwerk mit einem Sockel aus unverputztem Bruchsteinmauerwerk und einem darauf gesetzten hölzernen Blockbau aus dem 16. Jh. – befindet. Heute dient es als Nationalpark-Zentrum für Ausstellungen und Seminare. Das renovierte Kramerhaus wiederum beherbergt die allsommerlich vom Hollersbacher Kulturverein durchgeführten Malerwochen.

1152 Einwohner, 806 m Seehöhe

Fremdenverkehrsverein/FVV:
Tel.: 06562/81 05 (900 Gästebetten)

Touristisches Angebot:
Die Internationalen Malerwochen werden jedes Jahr in den ersten drei Augustwochen vom Hollersbacher Kulturverein organisiert (Information: Tel.: 82 72). Am ersten Sonntag im Oktober findet gleichzeitig mit dem Almabtrieb ein großer Bauernmarkt statt. Das Heimatmuseum widmet seine Aufmerksamkeit den Mineralien der Umgebung (Öffnungszeiten: Montag bis Freitag 15.00–17.00 Uhr). 30 km Wanderwege und zwei Lehrwanderwege erschließen Wanderern die Region. Wer es etwas waghalsiger liebt, der kommt beim Drachenfliegen und Paragleiten auf seine Rechnung.

Hollersbach im Pinzgau – das Kräuterdorf

*Schloß Kaprun
Entstehungszeit: 12. Jh.*

KAPRUN

Massentourismus und Kraftwerksanlagen, das sind die bestimmenden Faktoren der Dorfgemeinde am Fuße des Kitzsteinhorns. Die touristische Erschließung begann bereits im 19. Jh. Zwischen 1938 und 1955 wurde dann die Kraftwerksgruppe Mooser- und Wasserfallboden errichtet, die sehr bald nach dem Krieg zu einem Symbol der wiedererrichteten Republik aufstieg. 1967 schließlich folgte die erste Gletscherseilbahn Österreichs. Seither steht Kaprun für Stauseen, Kitzsteinhorn und Gletscherskifahren. So nimmt es denn auch nicht weiter wunder, daß sich der Ort – ursprünglich ein kleiner Kirchweiler – durchwegs neu und mit vergleichsweise wenig Flair präsentiert. Dafür aber zählt Kaprun zu den am besten erschlossenen Fremdenverkehrsgemeinden des Landes und bildet gemeinsam mit Zell am See die sogenannte Europa-Sportregion.

3.000 Einwohner, 786 m Seehöhe

Fremdenverkehrsverein/FVV:
Tel.: 06547/86 43 (5.000 Gästebetten)

Touristisches Angebot:
Mit dem Kitzsteinhorn bietet Kaprun das einzige Salzburger Gletscherskigebiet, eine zur Sommerzeit vielbesuchte Attraktion. Im Winter weitet sich das Angebot entsprechend der Schneelage aus. Doch auch in der warmen Jahreszeit sind den Aktivitäten mit Rafting, Trekking, Mountainbiking, Klettern oder ganz einfach Wandern kaum Grenzen gesetzt. Geradezu ein Muß ist der Besuch der Tauernkraftwerke Mooser- und Wasserfallboden (Besichtigung: Ende Mai bis Anfang Oktober tägl. 7.30–16.00 Uhr, Busse ab Kesselfall Alpenhaus). Kulturelle Abwechslung bietet die Kapruner Burgruine, in der regelmäßig Konzerte veranstaltet werden. Das Heimatmuseum im Hohenwarterpark bietet Wissenswertes über Saumhandel, Kraftwerksbau und Bergtourismus (Öffnungszeiten: Juni bis Oktober Di bis Fr 17.00–18.00 Uhr, November bis Mai, Di und Fr)

KRIMML

Mehr als 600.000 Besucher pro Jahr strömen in die kleine Gemeinde Krimml im westlichsten Winkel Salzburgs. Eingeschlossen in einen Talkessel, sind die Häuser rund um die Pfarrkirche geschart. Um das Dorf herum liegen verstreut Weiler und Bauernhöfe, darunter alte Blockbauten wie das Edenlehen, der Untersöllhof in Unterkrimml und der Lindlbauer in Oberkrimml. Im hinteren Achental, knapp 30 km vom Dorf entfernt, steht das über 600 Jahre alte Krimmler Tauernhaus, das eine noch originale, mit volkstümlichen Malereien verzierte Stube birgt. Bekannt und vielbesucht ist das Dorf Krimml freilich weniger seiner Architektur, als vielmehr der gleichnamigen Wasserfälle wegen. Über drei Felsstufen donnert die Krimmler Ache 380 Meter in die Tiefe und bildet somit einen der höchsten Wasserfälle Europas. Die dritte und höchste Stufe ist durch Aussichtskanzeln gut erschlossen, so daß Besucher das Geschehen inmitten der Gischt hautnah miterleben können.

800 Einwohner, 1.076 m Seehöhe

Fremdenverkehrsverein/FVV:
Tel.: 06564/239 (2.000 Gästebetten)

Touristisches Angebot:
Der Filzstein-Sessellift in Hochkrimml ist sommers wie winters in Betrieb und bietet somit Gelegenheit, zu wandern oder Ski zu fahren. Ein eigener Klettergarten, eine Bergsteigerschule, Bergführer und Wanderführer ermöglichen den sicheren Eintritt in die Kunst des Alpinismus.

*Wahrzeichen mit Europadiplom:
die Krimmler Wasserfälle*

*Mittersill:
die Pfarrkirche St. Leonhard*

MITTERSILL

Seine zentrale Stellung verdankt Mittersill seiner günstigen Lage an der Kreuzung der Verkehrswege in West-Ost- und Nord-Süd-Richtung. Bereits im Mittelalter nahmen die Adelsgeschlechter derer von Lechsgmünd und derer von Felben hier Wohnsitz. Sichtbare Reste der Aristokratie sind auf dem Schloßberg Schloß Mittersill, das durch Brände und Umbauten seinen historischen Charakter weitgehend eingebüßt hat, und im Ortsteil Felben der Felberturm aus dem 12. Jh., der heute ein sehenswertes Museum beherbergt. Als die Salzburger Erzbischöfe den Oberpinzgau unter ihre Kontrolle gebracht hatten, erlebte der Ort einen weiteren Aufschwung, der sich zum einen in der Erhebung zum Markt, zum anderen in der Anlage eines rechteckigen Marktplatzes bemerkbar machte. Wegen häufiger Überschwemmungen (den alten Mittersiller Häusern fehlen deshalb die Keller) und eines Großfeuers 1746 ist kein Gebäude im Zentrum älter als 250 Jahre. Die Pfarrkirche ist ein gutes Beispiel Salzburger Frührokokos, den Gasthof Meilinger wieder ziert ein barock geschwungener Giebel. Die wirtschaftliche Stellung verdankt Mittersill dem Skiwerk Blizzard sowie dem weltweit größten Wolfram-Bergwerk, das auch besucht werden kann. Traurige Bekanntheit erlangte Mittersill schließlich als jener Ort, in dem der Komponist Anton von Webern 1945 irrtümlich von einem Besatzungssoldaten der US-Armee erschossen wurde.

5.300 Einwohner, 789 m Seehöhe

Fremdenverkehrsverein/FVV:
Tel.: 06562/42 92 (3.000 Gästebetten)

Touristisches Angebot:
Die Mittersiller Musiktage und das Komponistenforum im September halten das Gedenken an Anton von Webern wach. Das Felberturmmuseum setzt seinen Schwerpunkt auf Mineralien, bäuerliche Volkskunst, die Jagd, Alpinismus, Skisport und die Eisenbahn (Öffnungszeiten: Juni bis Mitte Oktober Montag bis Freitag 10.00–18.00 Uhr, Samstag und Sonntag 13.00–17.00 Uhr). Schloß Mittersill ist nur im Sommer und im Rahmen von Führungen zu besichtigen. Dem körperlichen Wohlergehen verschreibt sich die Gemeinde in der letzten Septemberwoche beim Mittersiller Gesundheitstag. Die Resterhöhe am Paß Thurn rundet mit Wanderwegen und Skiabfahrten das Angebot ab.

Muhr

Im Umland der einzigen Lungauer Nationalparkgemeinde findet sich eine große Zahl an Kapellen, Bildstöcken und gemauerten Troadkästen. Der kleine Ort, bekannt auch für seine Samson-Umzüge und das Prangenstangentragen, besteht aus mehreren Teilen, wobei einst in Schellgaden Gold abgebaut, in Rotgülden hingegen Arsenik gewonnen wurde. An die Blütezeit des Bergbaus erinnert heute allerdings nur noch wenig.

682 Einwohner, 1.107 m Seehöhe

Fremdenverkehrsverein/FVV:
Tel.: 06479/335 (254 Gästebetten)

Touristisches Angebot:
Zahlreiche Wanderwege erschließen Seen und Wasserfälle der Umgebung und den Murursprung. In Muhr nimmt die Radtour „Tour de Mur" ihren Ausgang.

*Lungauer Tradition:
Architektur in Muhr*

*Der Kammerlandstall
Kulturzentrum in Neukirchen*

Neukirchen am Grossvenediger

Gleich drei Institutionen haben am Aufstieg Neukirchens zum zweiten Hauptort des Oberpinzgaus Anteil. Zum einen ist der Ort Sitz der Salzburger Nationalparkverwaltung, zum anderen haben sich hier, im Samerhof, der Kulturverein Tauriska und das Zukunftskollegium Nationalpark Hohe Tauern niedergelassen. Zusätzlich sorgen die Theatergruppe m² – Kulturexpreß und das Cinetheatro (ein umgebautes Kino) als multifunktionale Spielstätte für kulturelle Vielfalt in der Gemeinde. Über dem erst kürzlich erneuerten Dorf thront auf einem Hügel das alte Schloß Hohenneukirchen, das durch zahlreiche Umbauten seinen schloßartigen Charakter weitgehend eingebüßt hat. Bekannt ist Neukirchen auch als Ausgangspunkt für Besteigungen des 3.674 Meter hohen Großvenedigers und für Wanderungen in die beiden Täler Ober- und Untersulzbachtal. In ersterem übt das Obersulzbachkees eine starke Anziehungskraft auf Ausflügler aus, in zweiterem der 50 Meter hohe Untersulzbachfall.

2.571 Einwohner, 856 m Seehöhe

Fremdenverkehrsverein/FVV:
Tel.: 06565/6256, 7251 (3.000 Gästebetten)

Touristisches Angebot:
Zahlreiche Ausstellungen und Veranstaltungen gehen im Tauriska Kammerlandstall (Tel.: 61 45) sowie Film, Kabarett und Theater im „Cinetheatro" – m² – Kultur Expreß (Tel.: 66 75) über die Bühne. Ende August/Anfang September finden die Oberpinzgauer Musiziertage statt. Eigene Führungen zum Knappenweg Untersulzbachtal und zum Schaubergwerk bieten einen Einblick in die versunkene Welt des Bergbaus (Dienstag und Donnerstag 9.00–14.00 Uhr ab Gasthof Schiedhof [Samerhofstall] Tel.: 68 19 oder 62 56). Sportliche Betätigung – vor allem auch im Winter – sichern die nahen Wildkogelbahnen.

NIEDERNSILL

Liegen die meisten Orte des Salzachtals auf der den Hohen Tauern gegenüberliegenden Talseite, so schmiegt sich Niedernsill direkt an deren Fuß. Schlammfluten und Großbrände setzten dem Ort im Laufe seiner Geschichte immer wieder schwer zu, so daß kaum ein historisches Gebäude im Ortskern erhalten geblieben ist. Lediglich im südlichen Ortsteil Aisdorf, gegen das Mühlbachtal hin, finden sich einige alte Bauernhofensembles, die eine beschauliche Atmosphäre verströmen.

2.300 Einwohner, 767 m Seehöhe,

Fremdenverkehrsverein/FVV:
Tel.: 06548/82 32 (985 Gästebetten)

Touristisches Angebot:
Am ersten Samstag im November steht der Ort ganz im Zeichen des Oberpinzgauer Volkstanzfestes. An 52 Sonntagen im Jahr hingegen kann nach dem Gottesdienst das Kirchenmuseum mit Holzstatuen, Goldschmiedearbeiten, Wachsfiguren sowie einer Krippe besichtigt werden (Anmeldung: Tel.: 82 32).

Pfarrkirche in Niedernsill

PIESENDORF

In den 70er Jahren des 19. Jh. errichtete der Weltenbummler Sebastian Perfeller – der zeit seines Lebens in Piesendorf als Sonderling und Außenseiter gemieden und sogar verfolgt wurde – im Fürther Graben ein eigentümliches Refugium: ein verschachteltes, aus Holz erbautes, mit vielen kleinen Pavillons versehenes Bauwerk, das alsbald als Künstlerkolonie namens „Chinesenstadt" bekannt wurde. Noch vor der Jahrhundertwende wurde sie ein Raub der Flammen. Seit 1991 kann im Gemeindehaus ein rekonstruiertes Modell im Maßstab 1:20 (Juli bis September Mittwoch 10.00–12.00 Uhr, Schlüssel beim FVV erhältlich) betrachtet werden. In der Kirche wurden bei Restaurierungsarbeiten Anfang der 90er Jahre mehrere wunderschöne mittelalterliche Fresken entdeckt. Außerdem stellte sich heraus, daß unter dem Kirchenboden die Grundmauern einer frühromanischen Kirche liegen. In unmittelbarer Nähe zu dem Gotteshaus befinden sich der Gasthof Mitterwirt mit einem eindrucksvollen Kielbogenportal und der Gasthof Neuwirt, in dessen Erdgeschoß und erstem Stock gotische Stichkappentonnen zu sehen sind.

3.141 Einwohner, 800 m Seehöhe

Fremdenverkehrsverein/FVV:
Tel.: 06549/72 39 (1.710 Gästebetten)

Touristisches Angebot:
130 km Wanderwege erschließen die Umgebung des Dorfes.

Frommer Fassadenschmuck in Piesendorf

RAURIS

Am Anfang war das Gold. Bereits in der Antike wurde im Rauriser Tal nach dem Edelmetall geschürft, doch erst ab der Mitte des 15. Jh. erlebte der Bergbau hier seine große Blüte. Mehr als 100 Jahre lang zählte Rauris zu den bedeutendsten europäischen Goldbergbauzentren. Im 16. Jh. lebten über 3.000 Menschen im Tal, von denen gut 2.000 in den Gruben arbeiteten. Aus dieser Zeit sind im Hauptort neben dem stimmungsvollen Bergfriedhof eine Reihe imposanter Steinhäuser, so das Vogelmayr-, das Landrichter- und das Grimminghaus erhalten. Sehenswerte Ensembles sind auch in den Ortsteilen Wörth, Bucheben und Kolm-Saigurn am Talschluß zu finden. Ab dem Jahr 1600 kam der Bergbau zum Erliegen, wurde allerdings vom Staat bis in das 19. Jh. weiterbetrieben. An das „Goldene Zeitalter" Rauris' erinnert heute noch so manches, etwa der Tauerngold-Rundwanderweg, das Bodenhaus an den Ufern der Rauriser Ache, wo gegen Entgelt Gold geschürft werden darf, sowie das über 500 Jahre alte Tauernhaus im Seidlwinkeltal, welches einst den Säumern als Raststätte diente. In unseren Tagen macht Rauris durch die alljährlich im Frühjahr (Ende März/Anfang April) abgehaltenen Literaturtage von sich reden. Unter Naturfreunden ist der Rauriser Urwald brühmt: eine unberührte, von fadenbärtigen Lärchen und bemoosten Felsen gesäumte Moortümpellandschaft.

3.000 Einwohner, 950 m Seehöhe,

Fremdenverkehrsverein/FVV:
Tel.: 06544/62 37 (3.300 Gästebetten)

Touristisches Angebot:
Die Urlaubskassa wird es nicht sonderlich aufbessern, dafür macht es Spaß: Goldwaschen in der Rauriser Ache beim Bodenhaus. Die Hintergründe dazu erfährt man im Heimat- und Talmuseum, das interessante Exponate zur Volkskunde, zum Bergwerkswesen und zur Person des Gründers des Observatoriums am Sonnblick, Ignaz Rojacher, birgt (Führung: tägl. außer Donnerstag, 10.00 und 16.00 Uhr). Im Krumltal kann man sich im Rahmen geführter Exkursionen das Wiederansiedlungsprojekt des WWF für Bartgeier ansehen. Aber auch die Gegend läßt sich auf 150 km markierten Wegen erkunden. Alljährlich geben sich im Spätwinter Autoren und Schriftsteller anläßlich der Rauriser Literaturtage im Ort ein Stelldichein.

Rauris:
Doppeladler am Friedhof

Traditionelle Tresterläufer
von Stuhlfelden

STUHLFELDEN

„Meine Kinder, da muß euch geholfen werden", soll Kaiser Franz I. 1832 beim Anblick des versumpften oberen Salzachtals bei Stuhlfelden ausgerufen haben. Die Chronisten berichten, auf diese Worte habe das Volk mit Jubel und dem unverzüglichen Beginn der Trockenlegungsarbeiten reagiert. Bis die Arbeiten, durch die sowohl den regelmäßigen Überschwemmungen und Schlammfluten der Garaus gemacht als auch landwirtschaftlicher Grund gewonnen werden sollte, beendet wurden, dauerte es mehr als 100 Jahre. Das hinderte die Stuhlfeldner nicht daran, bereits 1837 dem Kaiser ein Denkmal zu setzen, das heute an der Straße nach Mittersill zu sehen ist. Das kleine Haufendorf, welches wegen seiner Lage auf einem Schwemmkegel weitgehend von den beschriebenen Katastrophen verschont blieb, wird von der Kirche und dem Schloß geprägt, und birgt in seinem Zentrum noch einige sehenswerte alte Häuser.

1.410 Einwohner, 789 m Seehöhe,

Fremdenverkehrsverein/FVV:
Tel.: 06562/43 65 (800 Gästebetten)

Touristisches Angebot:
An jedem 5. Jänner ziehen die Tresterer, glücksverheißende Schönperchten, von Hof zu Hof, um dort ihre kultischen Tänze aufzuführen. Ende August finden auf Schloß Lichtenau die „Keltischen Musiziertage" statt, doch bereits um den 20. Juni herum verwandelt sich das Schloß anläßlich des „Offenen Singen" in einen Musentempel. Wer lieber in freier Natur singt, kann dies auf geführten Wanderungen tun.

Taxenbach

Bei Taxenbach hat die Rauriser Ache auf ihrem Weg zur Salzach die wildromantische Kitzlochklamm mit ihren Wasserfällen, Kesseln, Schlünden und sogar einer Tropfsteinhöhle aus dem Gestein gefräst. Bereits 1833 wurde für neugierige Touristen ein Zugang geschaffen, doch erst durch die Eröffnung der Westbahnstrecke (1875) und den Ausbau der Wege in die Klamm (1877) wurde die pittoreske Schlucht zum vielfrequentierten Ausflugsziel. Aber auch dank des Jahr für Jahr am ersten Sonntag nach dem 25. Juni auf dem Hundsstein stattfindenden „Hundsstoaranggeln" erfreut sich die Marktgemeinde im Salzachtal eines Bekanntheitsgrades, der weit über die Grenzen der Region reicht.

3.100 Einwohner, 720 m Seehöhe,

658 Gästebetten,
Fremdenverkehrsverein/FVV:
Tel.: 06543 / 52 52 (658 Gästebetten)

Touristisches Angebot:
Das „Ranggeln" ist vielen Anlaß genug, den Hundsstein zu erklimmen. Andere wieder freuen sich ob der 65 km langen Mountainbikestrecke, die ihnen Gelegenheit zu einem Kräftemessen der anderen Art bietet.

Pfarrkirche Hl. Andreas in Taxenbach

Uttendorf

Als 1974 Franz Innerhofers autobiographischer Romanerstling „Schöne Tage" erschien, entfachte er in Uttendorf einen Sturm der Entrüstung. Denn der uneheliche Sohn einer Landarbeiterin und eines Großbauern beschrieb darin schonungslos seine Kindheit am Hof des Vaters und zeichnete kein sehr freundliches Bild vom Leben im Gebirge. Inzwischen hat sich die Aufregung gelegt und Innerhofers Roman gehört ebenso zur langen Geschichte Uttendorfs wie die mehr als 400 Urnengräber aus der Hallstattzeit, die prächtigen Höfe der „Bauernkönige vom Pinzgau" (etwa der Wiedrechtshausner und der Fellerer im Stubachtal), die drei Kraftwerke, die zwischen 1926 und 1953 im Stubachtal für die Stromversorgung der Österreichischen Bundesbahnen errichtet wurden oder das Alpinzentrum Rudolfshütte. Nicht zuletzt dem Stubachtal, das als Nord-Südverbindung diente, verdankt Uttendorf eine gut 3.000 Jahre alte Besiedlungsgeschichte. Das Tal gilt immer noch als eines der schönsten Tauerntäler. Vom Enzingerboden aus führt die Weißsee-Gletscherbahn zum Alpinzentrum, von wo aus der Sonnblick-Gletscherrundweg an den Rand des Sonnblickkees und ein Gletscherlehrweg zum Ödenwinkelkees führen. Das Stubachtal birgt allerdings noch ein weiteres Naturkleinod: den Wiegenwald. Seit Jahrhunderten sich selbst überlassen, gehört der Lärchen-Zirben-Fichten-Mischwald zu den letzten Urlandschaften Mitteleuropas und kann nur im Zuge geführter Touren besucht werden.

2.800 Einwohner, 804 m Seehöhe,

Fremdenverkehrsverein/FVV:
Tel.: 06563 / 82 79 (1.800 Gästebetten)

Touristisches Angebot:
Das Alpinzentrum Rudolfshütte ist ein idealer Ausgangspunkt für Wanderungen im Sommer und Skitouren im Winter. Darüber hinaus kommen Fels- und Eiskletterer hier voll und ganz auf ihre Kosten. In die Besonderheiten des Stubachtals führt die Nationalpark-Informationsstelle beim Erlebnisbadesee (Öffnungszeiten tägl. 10.00–12.00 Uhr) ein.

Weihnachtskrippe in Uttendorf

Wald im Pinzgau

Die Pinzgauer Lokalbahn endet, wo die Salzach entspringt: in Wald im Pinzgau unterhalb des 2.466 Meter hohen Salzachgeiers. Bedeutung erlangte die an einem alten Verbindungsweg nach Tirol gelegene Gemeinde als Rast- und Zollstation ab dem 15. Jh. Aus derselben Zeit stammt die gotische St. Nikolauskirche, auf deren sehenswerter Kanzel im Jahr 1768 ein übereifriger Pfarrer, angeblich um der Gemeinde Angst und Furcht vor dem Höllenfürsten einzutrichtern, einen Teufel auftreten ließ. Was zwar dem Volk sehr wohl, nicht aber den Kirchenoberen gefiel und prompt zur Versetzung des Geistlichen führte. Schmuckstück des Ortes ist das Walderwirtshaus. Der wuchtige Bau stammt aus dem Jahr 1670 und birgt in seinem Inneren die berühmte original-holzvertäfelte Hochzeitsstube. In Kontrast zu den bäuerlichen Bauten stehen der gründerzeitliche Endbahnhof und die Bahnhofsrestauration der Krimmler Schmalspurbahn, aber sie dokumentieren auf ihre Art und Weise die Bedeutung des Ortes als Verkehrsknotenpunkt. Unweit der Bahnstation befindet sich der Fluorit-Schaustollen (Führungen Dienstag und Donnerstag ab 18.00 Uhr), in dem früher der Vorderkrimmler Flußspat abgebaut wurde.

1.020 Einwohner, 885 m Seehöhe

Fremdenverkehrsverein/FVV:
Tel.: 06565/82 43-0 (1.888 Gästebetten)

Touristisches Angebot:
Wanderwege und geführte Wanderungen führen auf den Salzachgeier und zum Salzachursprung.

Wald im Pinzgau:
Alm mit Heuschobern

Lehrreiche Wege und Pfade

Krimmler Wasserfallweg: Die Ufer der Krimmler Ache, die hier über 380 Meter und drei Stufen in die Tiefe stürzt, sind durch Pfade gut erschlossen. Von Aussichtskanzeln aus können Besucher das sprühende und tosende Naturschauspiel hautnah miterleben.

Gletscherweg Obersulzbachtal (Neukirchen): Der drei Kilometer lange, durch das Gletschervorfeld des Obersulzbachkees führende Weg umfaßt 18 Stationen. Durch die dort gegebenen Information erschließt sich den Wanderern die Entwicklung des Gletschers von der Eiszeit bis in unsere Tage.

Geolehrweg Knappenweg Untersulzbachtal (Neukirchen): Dieser Pfad führt entlang der Blauwand zur ehemaligen Epidot-Fundstelle an der Knappenwand und zu alten Bergwerksstollen, in denen Kupfer abgebaut wurde.

Geologischer Lehrweg Habachtal (Bramberg): Über den Lackenbachwandersteig gelangt man zum Hochsedl zwischen Nasenkopf und Graukogel. Hier, in einem Schuttfeld, befindet sich die einzige Smaragdfundstelle Europas – tatsächlich lugt dann und wann das grüne Gestein aus dem Geröll hervor.

Bachlehrweg Hollersbachtal (Hollersbach): Entlang des Hollersbaches informieren zehn Tafeln über das Gewässer, die Landschaft, Fauna und Flora der Umgebung. Während der Wanderung bieten sich immer wieder Möglichkeiten, das theoretisch Erfahrene vor Ort in natura zu beobachten.

Hollersbacher Naturlehrpfad (Hollersbach): Die Route beginnt und endet am Ökoteich. Sie führt über die letzten Reste der Oberpinzgauer Feuchtwiesen, den „Wehrwald", die Zwieselmulde und den Müllner Buckel. Der letzte Teil der Wegstrecke ist als Kräuterlehrpfad gestaltet.

Naturlehrweg Hintersee (Felbertal, Mittersill): Der 550 Meter lange und bis zu zehn Meter tiefe Hintersee verdankt seine Existenz einem Bergsturz im Jahr 1495. Seit 1933 gilt er als Naturdenkmal. Der Lehrweg führt an das Nordufer und auf eine Anhöhe, von der aus sich ein wunderbarer Blick auf den See, die darunterliegenden Felswände und die 80 Meter hohen Schleierfälle bietet.

Gletscherlehrweg Sonnblick- und Ödenwinkelkees (Uttendorf): Die beiden Gletscherwege nehmen ihren Ausgang beim Alpinzentrum Rudolfshütte und vermitteln ein prachtvolles Hochgebirgspanorama mit zwölf Dreitausendern. Unterwegs können die Wanderer eiszeitliche Formen ebenso betrachten wie die vielfältige Alpenflora und -fauna.

Naturlehrweg Sigmund-Thun-Klamm (Kaprun): Wo die Kapruner Ache den Riegel des 962 Meter hohen Bürgkogels durchschneidet, liegt die von kesselförmigen Auswaschungen und Tropfsteinhöhlen gesäumte Sigmund-Thun-Klamm. Der Weg führt durch die Klamm, entlang des Stausees und auf den Bürgkogel.

Kräuterlehrweg Mooserboden (Kaprun): Auf der Wanderung von der Heidnischen Kirche bis zur Ebmattenalm werden Alpenpflanzen, Vegetationsformen und heimische Tiere beschrieben.

Naturlehrweg Piffkar (Fusch): Dieser auf rund 1.600 Meter Seehöhe nahe dem Gasthof Piffkar verlaufende Panoramaweg bietet grandiose und einzigartige Blicke auf die Dreitausender des westlichen Fuschertals und informative Lehrtafeln über Flora und Fauna.

Naturlehrweg Rauriser Urwald (Rauris): 13 Stationen bieten auf dem Pfad durch den Bergsturzwald und die Moortümpellandschaft Wissenswertes über Entstehung des Gebiets, seine Pflanzen, Tiere und Lebensräume.

Tauerngold Rundwanderweg (Rauris): Diese Route umfaßt alte Stollengänge und verfallene Knappenhäuser ebenso wie die Besonderheiten des Gletschervorfeldes und des Goldbergkees.

Naturkundlicher Lehrweg Naßfeld (Bad Gastein): Die Strecke verläuft entlang einiger kleiner Flachmoore und schöner Bachstrecken. Mit etwas Glück wird man des Wasserpipers, einer auffälligen Vogelart, ansichtig.

Naturlehrweg (Hüttschlag): Die Route führt vom Talmuseum in Stockham in das Schrödertal, wobei 45 Schautafeln über Tier- und Pflanzenwelt ebenso ausgiebig informieren wie über Almen, Aussicht und Gewässer.

Feuchtbiotoplehrpfad (Hüttschlag): Die beiden Seen des Großarltals sind – unter Hinterlassung eines Feuchtgebietes – bereits verlandet. Der letzte Rest dieses Rückzuggebietes für seltene Tiere und Pflanzen erschließt sich Besuchern entlang eines Schilfwaldes zwischen dem Talmuseum und dem Haussteingut, einem der ältesten Bauernhäuser im Tal.

Peter-Raba-Lehrweg für Kinder (Muhr): Die über 500 Jahre alte und 41 Meter hohe Peter-Raba-Lärche ist Ziel des von den Schülern der Volksschule Muhr errichteten Weges. Auf 26 Haltepunkten entlang der Route wird umfassende Information zum Thema Wald geboten.

Unterwegs in der Schule des Sehens

Original und Kopie: der Vergleich macht sicher

Christoph Wagner / Lois Lammerhuber
STEIRISCHES HIMMELREICH
ISBN 3-85447-504-7

„Ein opulenter, schön und
geschmackvoll ausgestatteter
Geschenkband, wie man ihn von
diesem Verlag gewöhnt ist."
FAZ, Frankfurt a. M.

Christoph Wagner / K.-M. Westermann
DAS SALZKAMMERGUT
ISBN 3-85447-602-7

Christoph Wagner und
K.-M. Westermann haben für die
Edition Christian Brandstätter
einen Appetitanreger zwischen
zwei Buchdeckeln geklemmt …"
Kurier, Wien

Walter Klier / Lois Lammerhuber
TIROL
ISBN 3-85447-545-4

„Eine Liebeserklärung an Tirol,
wenn auch eine kritische –
visualisiert durch Bilder
voll Poesie."
Neue Kronen Zeitung, Wien

Österreichs Natur- und Kulturlandschaften im Christian Brandstätter Verlag

„Eine an Überraschungen reiche
Expedition in das Viertel,
das vom Tourismus noch
nahezu unentdeckt ist."
News, Wien

„Christoph Wagners Text ist
erfrischend … und weist selbst
dem Kenner den Weg zu
neuen Details."
Der Standard, Wien

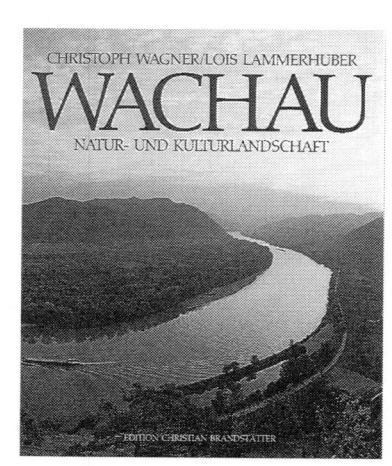

Ein prachtvolles Buch, das schwer
in der Hand und leicht auf der
Seele liegt."
Der Standard, Wien

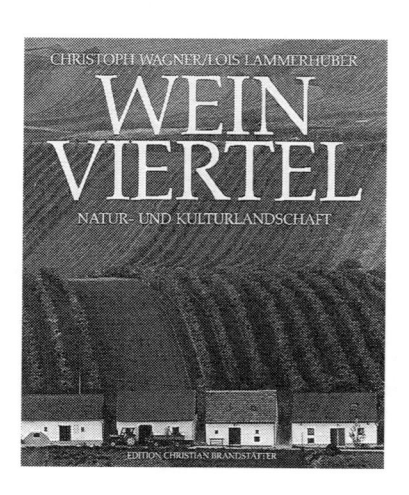

Christoph Wagner / Lois Lammerhuber
DAS MOSTVIERTEL
ISBN 3-85447-546-2

Christoph Wagner / Lois Lammerhuber
DIE WACHAU
ISBN 3-85447-566-7

Christoph Wagner / Lois Lammerhuber
DAS WEINVIERTEL
ISBN 3-85447-473-3